반드시 알아야 할
일본어 한자

일본어교재연구원
孫 建 著

제일어학
(제일법규)

머 리 말

필자의 경험에 비추어 보면 일본어의 어법을 이해한 후, 가장 먼저 벽에 부딪치는 점은 역시 일본어의 어휘가 아닐까 생각합니다. 그 중에서도 가장 어렵게 느껴지는 것은 역시 일본어 한자 읽기인데, 그것은 우리와는 달리 읽는 방법이 매우 다양하기 때문입니다. 그러나 한자가 어렵다고 생각하는 것은 잘못된 판단입니다. 좀더 시야를 넓혀 생각하면 우리는 한자 문화권에 속하기 때문에 알아야 합니다. 그것은 일본어 어휘의 40%는 한자어로 구성되어 있어서 읽는 방법을 알면 그 뜻은 대부분 이해할 수 있기 때문입니다. 따라서 일본어 어휘를 정복할 수 있는 길은 먼저 기본적으로 가장 많이 쓰이는 일본어의 한자를 읽는 것이라고 생각합니다.

이 책의 특징은,

1 신문·잡지·방송 등에서 가장 사용빈도가 높은 필수한자 500자를 엄선하였다.

2 일본어 한자의 복잡하고 까다로운 音読과 訓読을, 그 語例와 用例를 통하여 쉽게 익힐 수 있도록 하였다.

3 일본에서 쓰는 新字體와 우리가 쓰고 있는 正字를 구별하여 따로 표시하였다.

4 반드시 알아야 할 일본어한자 500자를 알기 쉽게 五十音図 순으로 배열하였다.

5 예문연습을 통하여 일본어 한자의 音을 익혔는지 확인하도록 하였다.

끝으로, 이 책을 이용하여 공부하신 분은 먼저 하루에 25자 정도를 읽고 쓰는 연습을 반복하면 20일 후에는 자신도 모르게 한자 읽는 법에 자신감을 가지게 되리라고 확신합니다.

저자 손 건

차 례

- 日本語의 漢字 -- 6
  1. 일본어 한자의 유래
  2. 일본의 한자정책
  3. 일본어 한자읽기
  4. 新字体
  5. 国字

- あ행으로 읽는 한자음 -------------------------------------- 13
- か행으로 읽는 한자음 -------------------------------------- 29
- さ행으로 읽는 한자음 -------------------------------------- 91
- た행으로 읽는 한자음 -------------------------------------- 167
- な・は행으로 읽는 한자음 -------------------------------- 203
- ま・や・ら행으로 읽는 한자음 -------------------------- 241

일러두기

[1] 済　[2](濟)　[3] 건널 제(さい)

[4] 音〔さい〕[5] 返済(へん さい)　　決済(けっ さい)
　　　　　　共済(きょう さい)　[6]＊経済(けい ざい)

[7] 訓〔すむ〕[8] まつりが済む。 축제가 끝나다.

□ 예문 연습

[9] ＊ 借りた金を分けて(へんさい)する。 □□
　　빌린 돈을 나누어 변제하다.

[10] ＊ 日本の(経済)は戦後ひじょうに成長した。 □□□□
　　일본의 경제는 전후 무척 성장했다.

[11] ＊ 決済(결제) □□□□　　＊ 共済(공제) □□□□□

---

[1] 수록된 한자
[2] 新字体『수록되지 않은 한자는 우리가 쓰는 正字와 동일함』
[3] 우리말의 訓과 音『( )의 音은 일본어 한자음』
[4] 音読み(음읽기)
[5] 音読み의 語例
[6] 『＊』표시는 音変化되었거나 다른 音으로 읽는 語例
[7] 訓読み(훈읽기)『訓은 편집상 대표적인 것 하나만 예를 들었음』
[8] 訓読み의 用例『おくりがなは 달지 않았음』
[9] ( )의 語例의 音을 한자로 □에 바꾸어 넣기
[10] ( )의 한자음을 □에 넣기
[11] □에 앞의 한자음을 써넣기

日本語의 漢字

1 일본어 한자의 유래

일본과 중국 사이에는 서기 2,3세기부터 다소 왕래가 있었지만, 応神天皇16년 (서기 258년)에 백제의 왕인(王仁)박사가 『論語』와 『天字文』을 가지고 들어와 문자가 없던 일본인은 처음으로 문자라는 것을 접하게 되었다.

한자를 습득한 일본인은 표음문자로 활용하여 일본 고유어나 지명·인명등에 우리의 이두문자처럼 표기하게 되었다. 그후 도래인(渡来人)에 의해 한서(漢書)를 통해 지식을 습득하게 되었으며, 오늘날 일본의 문자인 「かな文字」가 한자에 의해 탄생되었다.

2 일본의 한자정책

1946년 일본정부는 당용한자(当用漢字)1,850자를 내각고시로 일본어를 표기하기 위하여 한자의 사용범위를 제한하였다.

그후 당용한자의 자체(字体)를 정하여 일부 한자의 점이나 획의 복잡함을 정리하여 당용한자의 1,850자 가운데 500여자가 약자화 내지 변형화되었다.

1981년 다시 일본정부는 당용한자 중에 일부 한자를 삭제하거나 추가하여 현대일본어의 표기에 적합하도록 1,945자로 늘리고, 새로이 상용한자(常用漢字)로 명칭을 바꾸어 지금까지 그대로 쓰고 있다.

이 상용한자는 『법령·공용문서·신문·잡지·방송』등 일반사회에서 사용하는 한자의 범위를 정한 것으로,『전문용어·인명·지명』등에는 예외로 하고 있다. 인명용 한자는 우리와 마찬가지로 사용범위를 제한하여 별도로 166자를 지정하여 쓰고 있다.

또, 상용한자 가운데 기초적인 996자를 교육한자로 지정하여 소학교 과정에서 단계적으로 습득하게 하였으며, 나머지 한자는 중학교 과정에서 전부 익히도록 하고 있다.

3 일본어 한자읽기

중국어에서는 一字一音으로 읽는 것이 원칙이지만, 일본어에서는 한자를 읽는 방법이 매우 다양하다. 즉, 예를들면 우리는 『生』이라는 한자를 音으로는 『생』이라고 읽고 『낳다』라는 뜻으로 이해한다. 하지만 일본어에서는 音으로 『せい·しょう』로 읽고, 訓으로는 『いきる.いかす·いける·うむ·うまれる·おう·はえる·はやす·き·なま』등으로 읽는다.

이 책에서는 편의상 訓읽기는 대표적인 것을 하나만 들었으며, 訓읽기가 없는 것은 『一』으로 표시하였다.

(i) 音読(おんよ)み / 음읽기

중국에서 일본으로 문자가 전해졌을 때 중국어의 발음을 흉내내어 일본인이 읽었던 발음을 『音読み』이라고 한다. 일본어의 한자음은 중국의 여러지방에서, 또는 오랜 세월에 걸쳐 일본에 전해진 것이기 때문에 시대·장소에 따라 발음은 『呉音』『漢音』『唐音』『慣用音』등으로 나눈다.

① 呉音

한자의 전래와 더불어 전해진 가장 오래된 음이며, 중국 남부의 呉나라에서 전해진 음이다. 呉音은 특히 불교용어에 많고, 현대일본어에서는 그다지 많지 않다.

＊京〔キョウ〕 － 上京〔じょう きょう〕
＊行〔ギョウ〕 － 行儀〔ぎょう ぎ〕

8

＊経〔キョウ〕 － 経文〔きょう もん〕
＊明〔ミョウ〕 － 灯明〔とう みょう〕

② 漢音
7세기 이후, 중국북부에 파견된 사신들에 의해서 전해진 음으로, 平安時代에 正音(표준어)으로 정해진 이래 오늘날의 한자음 읽기의 기본이 되어 있다.
＊京「ケイ」 － 京師「けい し」
＊行「コウ」 － 行為「こう し」
＊経「ケイ」 － 経営「けい えい」
＊明「メイ」 － 明月「めい げつ」

③ 唐音
7세기 이후, 平安時代말경부터 전해진 宋時代 이후의 음이며, 중국에 건너간 승려나 상인들에 의해서 전해진 음으로, 현대 일본어에서는 그다지 쓰이지 않는다.
＊京「キン」 － 南京「なん きん」
＊行「アン」 － 行在「あん ざい」
＊経「キン」 － 看経「かん きん」
＊明「ミン」 － 明国「みん こく」

④ 慣用音
呉音・漢音・唐音 이외에 음이 일본에 들어온 후에 일본에서 독자적으로 변한 것을 관용음이라고 한다.
＊立(リュウ → リツ) － 設立「せつ りつ」
＊院(エン → イン) － 病院「びょう いん」
＊輸(シュ → ユ) － 輸出「ゆ しゅつ」

呉音・漢音・唐音・慣用音은 어느 한자에나 다 이 세가지

읽는 법이 있다는 것은 아니다. 특히 불교관계의 특수한 용어에는 呉音으로 읽는 말이 있으며, 그리고 도구·집기류 및 식물의 명칭 따위에 아직도 특수하게 읽는 唐音이 남아 있으므로, 이들 말은 따로 외워야 한다.

(ii) 訓読(くんよ)み / 훈읽기
한자의 숙어는 보통 音이면 音만으로, 그리고 訓이면 訓만으로 읽는 것이 원칙이다. 그러나 하나의 숙어로서 音과 訓을 섞어 읽는 것도 있다.
① 音 ＋ 音
　　＊国民(こく みん)　　漢字(かん じ)　　電気(でん き)
② 訓 ＋ 訓
　　　＊野原(の はら)　　草木(くさ き)　　市場(いち ば)
③ 音 ＋ 訓 — 重箱読(じゅうばこよ)み
　　＊台所(だい どころ)　　役場(やく ば)　　本屋(ほん や)
④ 訓 ＋ 音 — 湯桶読(ゆとうよ)み
　　＊手本(て ほん)　　雨具(あま ぐ)　　夕刊(ゆう かん)

(iii) 音의 변화
① 「か행」의 음과 「か행」의 음이 이어지면 촉음화(促音化)된다.
　　＊学校(がく こう → がっ こう)
　　＊国権(こく けん → こっ けん)
　　＊国家(こく か　 → こっ か)
　　＊国旗(こく き　 → こっ き)

② 「か·さ·た·は」행의 음 앞에서는 「つ」는 촉음화된다.
　　＊殺菌(さつ きん　→ さっ きん)
　　＊発達(はつ たつ　→ はっ たつ)

*達成(たつ せい → たっ せい)
*発表(はつ ひょう → はっ ぴょう)

③ 「ん」다음에 오는 글자의 발음이 일부 탁음(濁音) 또는 반탁음(半濁音)화된다.
*三階(さん かい → さん がい)
*三百(さん ひゃく → さん びゃく)
*三千(さん せん → さん ぜん)
*乾杯(かん はい → かん ぱい)

④ 連濁 — 숙어가 되는 경우에 뒤에 오는 글자에 탁음이 붙는다.
*浮雲(うき くも → うき ぐも)
*親鳥(おや とり → おや どり)
*重箱(じゅう はこ → じゅう ばこ)
*出口(で くち → で ぐち)

⑤ 転音 — 숙어가 되는 경우 음이 다른 음으로 변한다.
*春雨(はる あめ → ある さめ)
*反応(はん おう → はん のう)
*因縁(いん えん → いん ねん)
*天皇(てん こう → てん のう)

이 책에서는 위의 음변화처럼 숙어로 이루어질 때 음이 달라지는 경우에는 「*」로 표시하였다.

4 新字体

일본은 1949년 당용한자의 자체(字体)標를 만들어 글자의 점이나 획의 복잡함을 정리하여 그 표준을 정하였다. 이것을 신자체(新字体)라고 하며, 약 560여자가 약자화(略字化)·변형화(変型化)·증자화(増字化)되었다. 따라서 일본어 한자의 표기는 반드시 일본에서 제정한 일본식 신자체(新子体)를 써야 하며, 우리가 쓰고 있는 정자(正字)를 써서는 안된다.

이 책에서는 正字는 괄호 안에 표시하여 일본의 新字体와 비교하도록 하였다.

* 国(國) 読(讀) 号(號) 区(區) 来(來) 発(發)

☞ 참고로 560여자의 新字体를 正字와 비교하여 편집상 12, 90, 166, 240페이지에 수록하였다.

5 国字

国字란 중국에서 만든 한자가 아니라 일본에서 독자적으로 만들어진 한자를 말한다. 이 国字는 音은 그다지 없고 대부분 訓만으로 읽는 것이 특징이며 약 120여자가 있다. 대표적인 것을 예로 들면 다음과 같다.

働(はたらーく, ドウ) 일하다　　辻(つじ) 십자로
畑(はたけ) 밭　　　　　　　　枠(わく) 테두리, 범위
込(こーむ) 들어가다, 넣다　　鰯(いわし) 정어리

新字体   *앞字는 正字, 뒷字는 新字体

(i) 略字化

① 1점·1획을 줄인 경우

者 → 者　　穀 → 穀　　器 → 器　　涙 → 涙
著 → 著　　暑 → 暑　　類 → 類　　寛 → 寛
都 → 都　　署 → 署　　突 → 突　　塚 → 塚
諸 → 諸　　懲 → 懲　　德 → 徳

② 일부분을 제거한 경우

號 → 号　　豫 → 予　　應 → 応　　價 → 価
縣 → 県　　絲 → 糸　　藝 → 芸　　歷 → 歴
餘 → 余　　聲 → 声　　處 → 処　　曆 → 暦
條 → 条　　醫 → 医　　壓 → 圧　　覽 → 覧

③ 특정부분을 줄인 경우

狀 → 状　　社 → 社　　學 → 学　　勞 → 労
壯 → 壮　　祉 → 祉　　覺 → 覚　　榮 → 栄
將 → 将　　祈 → 祈　　擧 → 挙　　營 → 営
經 → 経　　單 → 単　　澤 → 沢　　兒 → 児
徑 → 径　　戰 → 戦　　擇 → 択　　舊 → 旧
輕 → 軽　　彈 → 弾　　綠 → 緑　　陷 → 陥
權 → 権　　喝 → 喝　　祿 → 禄　　巢 → 巣
歡 → 歓　　渴 → 渇　　錄 → 録　　腦 → 脳
觀 → 観　　劍 → 剣　　隨 → 随　　惱 → 悩
淺 → 浅　　儉 → 倹　　髓 → 髄　　變 → 変

☞ 90페이지에 계속 이어짐.

あ行으로 읽는 한자음

あい	愛	うん	運
あく	悪	えい	映
あん	案	えき	駅
い	以 位 委 意 違	えん	円 園 演 応
いく	育 院	おう	王 央 億
いち	一	おく	屋
いん	引 員	おん	音
う	右		衛 横

 사랑 애(あい)

音 〔あい〕 愛情(あいじょう)　恋愛(れんあい)
　　　　　　愛好(あいこう)　　博愛(はくあい)
訓 ―

□ 예문 연습

* (あいじょう)のない家(かてい)庭はさみしい。 □□
  애정이 없는 가정은 적막하다.
* 見(みあ)合い結婚(けっこん)より(恋愛)結婚(けっこん)のほうがよい。 □□□□
  중매결혼보다 연애결혼이 좋다.
* 愛好(애호) □□□□　　* 博愛(박애) □□□□

悪 (惡) 나쁠 악(あく), 미워할 오(お)

音 ①〔あく〕 悪評(あくひょう)　　*悪化(あっか)
　②〔お〕　好悪(こうお)　　　悪寒(おかん)
訓 〔わるい〕 悪(わる)いことをする。 나쁜 짓을 하다.

□ 예문 연습

* 彼(かれ)の小説(しょうせつ)について評論家(ひょうろんか)は(あくひょう)をした。 □□
  그의 소설에 대해서 평론가는 악평을 했다.
* なんだか今日(きょう)は(悪寒)がする。 □□□
  왠지 오늘은 오한이 난다.
* 悪化(악화) □□□　　* 好悪(호오) □□□

安 편안할 안(あん)

音 〔あん〕 安心(あん しん)　　不安(ふ あん)
　　　　　　安全(あん ぜん)　　治安(ち あん)
訓 〔やすい〕 この時計(とけい)は安い。　이 시계는 싸다.

☐ 예문 연습

* (あんしん)してゆっくり眠(ねむ)る。　☐☐
  안심하고 푹 자다.
* 公園(こうえん)は子供(こども)の(安全)な遊(あそ)び場(ば)だ。　☐☐☐☐
  공원은 아이들의 안전한 놀이터다.
* 不安(불안)　☐☐☐　　* 治安(치안)　☐☐☐

案 책상 안(あん)

音 〔あん〕 案内(あん ない)　　答案(とう あん)
　　　　　　提案(てい あん)　　法案(ほう あん)
訓 ―

☐ 예문 연습

* (あんない)係(がかり)に聞(き)いてみてください。　☐☐
  안내원에게 물어보십시오.
* 国会(こっかい)で(法案)が通(とお)る。　☐☐☐☐
  국회에서 법안이 통과하다.
* 答案(답안)　☐☐☐☐　　* 提案(제안)　☐☐☐☐

以

써 이(い)

音〔い〕 以前(い ぜん)　　以来(い らい)
　　　 以外(い がい)　　以上(い じょう)

訓 ―

□ 예문 연습

* 金さん(いがい)はみんな集まる。□□
  김씨 이외는 모두 모이다.
* 金さんとは高校(以前)からの友人である。□□□
  김씨와는 고교 이전부터의 친구이다.
* 以来(이래) □□□　　* 以上(이상) □□□□

位

자리 위(い)

音〔い〕 位置(い ち)　　地位(ち い)
　　　 単位(たん い)　　即位(そく い)

訓〔くらい〕 大臣の位につく。 대신의 직위에 취임하다.

□ 예문 연습

* 部屋の中の家具の(いち)を変えてみる。 □□
  방안의 가구 위치를 바꿔보다.
* 金さんは社会の指導的な(地位)にある人だ。 □□
  김씨는 사회의 지도적 지위에 있는 사람이다.
* 単位(단위) □□□　　* 即位(즉위) □□□

委 맡길 위(い)

- 音 〔い〕 委員(い いん)　委託(い たく)
　　　　　委任(い にん)　委嘱(い しょく)
- 訓 ―

□ 예문 연습

* 会議に出席できないので金さんに(いにん)した。 □□
  회의에 출석할 수 없어서 김씨에게 위임했다.
* 李さんは今度(委員)長に選ばれた。 □□□
  이씨는 이번에 위원장으로 선출되었다.
* 委託(위탁) □□□　　* 委嘱(위촉) □□□□

意 뜻 의(い)

- 音 〔い〕 意味(い み)　意向(い こう)
　　　　　意見(い けん)　注意(ちゅう い)
- 訓 ―

□ 예문 연습

* このことばは何の(いみ)ですか。 □□
  이 말은 무슨 의미입니까?
* ご(意見)を聞いてもらいたいです。 □□□
  의견을 듣고 싶습니다.
* 意向(의향) □□□　　* 注意(주의) □□□□

違 어길 위(い)

音〔い〕違反(い はん)　違法(い ほう)
　　　　相違(そう い)　違憲(い けん)
訓〔ちがう〕見本とまったく違う。　견본과 전혀 틀리다.

□ 예문 연습

* 交通(いはん)で逮捕される。　□□
　교통위반으로 체포되다.
* 彼の言っていることは事実と(相違)する。　□□□
　그가 말하는 것은 사실과 다르다.
* 違法(위법) □□□　　* 違憲(위헌) □□□

育 기를 육(いく)

音〔いく〕教育(きょう いく)　体育(たい いく)
　　　　育成(いぐ せい)　発育(はつ いく)
訓〔そだつ〕私はいなかで育った。　나는 시골서 자랐다.

□ 예문 연습

* 国民は義務(きょういく)を受けなければならない。　□□
　국민은 의무교육을 받지 않으면 안된다.
* なえぎは順調に(発育)する。　□□□□
　묘목은 순조롭게 발육하다.
* 体育(체육) □□□□　　* 育成(육성) □□□□

一　한 일(いち, いつ)

音 ① 〔いち〕 一月(いち がつ)　　一番(いち ばん)
　　② 〔いつ〕 統一(とう いつ)　　＊一生(いっ しょう)
訓 〔ひとつ〕 一つでいくらですか。 하나에 얼마입니까?

□ 예문 연습

＊ 南北(とういつ)のために努力する。　□□
　　남북통일을 위해 노력하다.
＊ クラスの中で(一番)成績がよい。　□□□□
　　반에서 가장 성적이 좋다.
＊ 一月(1월) □□□□　　＊ 一生(일생) □□□□□

引　끌 인(いん)

音 〔いん〕 引退(いん たい)　　引力(いん りょく)
　　　　　 引率(いん そつ)　　索引(さく いん)
訓 〔ひく〕 辞書を引く。 사전을 찾다.

□ 예문 연습

＊ あの歌手は今度(いんたい)するそうだ。　□□
　　그 가수는 이번에 은퇴한다고 한다.
＊ 会員を(引率)して旅行に行く。　□□□□
　　회원을 인솔하여 여행을 가다.
＊ 引力(인력) □□□□□　　＊ 索引(색인) □□□□

員 관원 원(いん)

音 〔いん〕 会員(かい いん)　満員(まん いん)
　　　　　社員(しゃ いん)　特派員(とく は いん)

訓 ―

□ 예문 연습

* 同じ会(しゃいん)と社内結婚をした。　□□
  같은 회사원과 사내결혼을 했다.
* 海外(特派員)からのニュースです。　□□□□□
  해외 특파원으로부터의 뉴스입니다.
* 会員(회원)　□□□□　　* 満員(만원)　□□□□

院 집 원(いん)

音 〔いん〕 病院(びょう いん)　大学院(だい がく いん)
　　　　　院長(いん ちょう)　寺院(じ いん)

訓 ―

□ 예문 연습

* 病気で(びょういん)に三日間入院した。　□□
  병으로 병원에 3일간 입원했다.
* 野村さんは今度(大学院)に入った。　□□□□□
  노무라 씨는 이번에 대학원에 들어갔다.
* 院長(원장)　□□□□□　　* 寺院(사원)　□□□

右 오른 우(う)

音 ① 〔う〕　右派(う は)　　　右翼(う よく)
　 ② 〔ゆう〕左右(さ ゆう)　　左右銘(ざ ゆう めい)
訓 〔みぎ〕右にまがりなさい。 오른쪽으로 도시오.

□ 예문 연습

* 彼は(うよく)で、軍国主義者だ。　□□
　그는 우익으로 군국주의자이다.
* 事業の成功に(左右)される計画だ。　□□□
　사업의 성공에 좌우되는 계획이다.
* 右派(우파)　□□　　* 左右銘(좌우명)　□□□□

運 운전할 운(うん)

音 〔うん〕運動(うん どう)　　運転(うん てん)
　　　　　幸運(こう うん)　　運輸(うん ゆ)
訓 〔はこぶ〕船で荷物を運ぶ。 배로 짐을 나르다.

□ 예문 연습

* わたしは毎日体育館で(うんどう)をする。 □□
　나는 매일 체육관에서 운동을 한다.
* 自動車の(運転)を習いたい。 □□□□
　자동차의 운전을 배우고 싶다.
* 幸運(행운) □□□□　　* 運輸(운수) □□□

映 비칠 영(えい)

- 音〔えい〕映画(えい が)　　反映(はん えい)
　　　　　上映(じょう えい)　映写(えい しゃ)
- 訓〔うつる〕かがみに映った自分　거울에 비친 자신

☐ 예문 연습

* (えいが)を見に行きませんか。☐☐
　영화를 보러 가지 않겠습니까?
* この映画はあの劇場で(上映)される。☐☐☐☐☐
　이 영화는 그 극장에서 상영된다.
* 反映(반영) ☐☐☐☐　　* 映写(영사) ☐☐☐☐

営 (營) 경영할 영(えい)

- 音〔えい〕経営(けい えい)　　営業(えい ぎょう)
　　　　　運営(うん えい)　　営利(えい り)
- 訓〔いとなむ〕家具用品店を営む。　가구점을 운영하다.

☐ 예문 연습

* デパートは午前十時から(えいぎょう)する。☐☐
　백화점은 오전 10시부터 영업한다.
* 父は貿易会社を(経営)する。☐☐☐☐
　아버지는 무역회사를 경영한다.
* 運営(운영) ☐☐☐☐　　* 営利(영리) ☐☐☐

衛　호위할 위(えい)

音〔えい〕衛生(えい せい)　　防衛(ぼう えい)
　　　　自衛(じ えい)　　　衛星(えい せい)
訓 ―

□ 예문 연습

* 夏はとくに(えいせい)に注意しよう。　□□
  여름에는 특히 위생에 주의하자.
* 人工(衛星)が地球をまわる。　□□□□
  인공위성이 지구를 돈다.
* 防衛(방위) □□□□　　* 自衛(자위) □□□

駅 (驛)　역 역(えき)

音〔えき〕駅前(えき まえ)　　貨物駅(か もつ えき)
　　　　駅長(えき ちょう)　　駅員(えき いん)
訓 ―

□ 예문 연습

* 午前十時まで(えきまえ)に集まってください。　□□
  오전 10시까지 역전에 모이십시오.
* 木村さんは新宿駅の(駅長)です。　□□
  기무라 씨는 신주꾸 역의 역장입니다.
* 貨物駅(화물역) □□□□□　　* 駅員(역원) □□□□

円 (圓) 둥글 원(えん)

音 〔えん〕 円周(えん しゅう)　円形(えん けい)
　　　　　　半円(はん えん)　　千円(せん えん)
訓 〔まるい〕 ボールは円い。 공은 둥글다.

□ 예문 연습

* 舞台(ぶたい)は(えんけい)になっている。 □□
　무대는 원형으로 되어 있다.
* この魚(さかな)は一匹(いっぴき)で(千円)です。 □□□□
　이 생선은 1마리에 천 엥입니다.
* 円周(원주) □□□□□　　* 半円(반원) □□□□

園 동산 원(えん)

音 〔えん〕 公園(こう えん)　　植物園(しょく ぶつ えん)
　　　　　　学園(がく えん)　　動物園(どう ぶつ えん)
訓 〔その〕 美(うつく)しい花園(はなぞの)を作(つく)る。 아름다운 화원을 만들다.

□ 예문 연습

* 日曜日(にちようび)に(どうぶつえん)に行(い)く。 □□□
　일요일에 동물원에 간다.
* 毎朝(まいあさ)(公園)で散歩(さんぽ)する。 □□□□
　매일 아침 공원에서 산책한다.
* 植物園(식물원) □□□□□□　学園(학원) □□□□

演　연역할 연(えん)

音〔えん〕演説(えん ぜつ)　演技(えん ぎ)
　　　　　演奏(えん そう)　出演(しゅつ えん)

訓　—

□ 예문 연습

* ピアノの(えんそう)を聞きに行く。　□□
  피아노 연주를 들으러 가다.
* 今日から選挙(演説)が始まる。　□□□□
  오늘부터 선거연설이 시작된다.
* 演技(연기)　□□□　　* 出演(출연)　□□□□□

王　임금 왕(おう)

音〔おう〕国王(こく おう)　王子(おう じ)
　　　　　女王(じょ おう)　王室(おう しつ)

訓　—

□ 예문 연습

* 開会式に(こくおう)がご出席になった。　□□
  개회식에 국왕이 출석하셨다.
* 英国の(女王)陛下の訪問　□□□□
  영국 여왕폐하의 방문
* 王子(왕자)　□□□　　* 王室(왕실)　□□□□

央 가운데 앙 (おう)

音 〔おう〕 中央(ちゅう おう)　　震央(しん おう)
訓 ―

□ 예문 연습

* 会社は市の(ちゅうおう)にある。　□□
  회사는 시의 중앙에 있다.
* (震央)は震源の上の所をいう。　□□□□
  진앙은 진원의 윗부분을 말한다.

応 (應) 응할 응 (おう)

音 〔おう〕 応募(おう ぼ)　　応援(おう えん)
　　　　　応用(おう よう)　*反応(はん のう)
訓 ―

□ 예문 연습

* 新聞の求人広告を見て(おうぼ)した。　□□
  신문의 구인광고를 보고 응모했다.
* 拒否(反応)をおこした。　□□□□
  거부반응을 일으켰다.
* 応援(응원) □□□□　　* 応用(응용) □□□□

横 （横） 가로 횡

- 音 〔おう〕 横断(おう だん)　横行(おう こう)
　　　　　横領(おう りょう)　専横(せん おう)
- 訓 〔よこ〕 横の長(なが)さ　가로의 길이

□ 예문 연습

* 道路(どうろ)を(おうだん)するときは左右(さゆう)をよく見(み)なさい。□□
　도로를 횡단할 때는 좌우를 잘 보거라.
* 公金(こうきん)(横領)で逮捕(たいほ)される。□□□□□
　공금횡령으로 체포되다.
* 横行(횡행) □□□□　　* 専横(전횡) □□□□

屋　집 옥(おく)

- 音 〔おく〕 屋上(おく じょう)　屋内(おく ない)
　　　　　家屋(か おく)　　　社屋(しゃ おく)
- 訓 〔や〕 部屋(へや)がきれいですね。　방이 깨끗하군요.

□ 예문 연습

* (おくじょう)にのぼるとよく海(うみ)が見(み)える。□□
　옥상에 올라가면 바다가 잘 보인다.
* (屋内)でたばこを吸(す)わないでください。□□□□
　옥내에서는 담배를 피우지 마십시오.
* 家屋(가옥) □□□　　* 社屋(사옥) □□□□

億

억 억(おく)

音〔おく〕一億(いち おく)　　億万(おく まん)
　　　　億兆(おく ちょう)　　巨億(きょ おく)
訓 —

□ 예문 연습

* 日本は(いちおく)をこえる人口だ。　□□
  일본은 1억을 넘는 인구다.
* 最近(億万)長者がたくさんいる。　□□□□
  최근 억만장자가 많이 있다.
* 億兆(억조) □□□□□　　* 巨億(거억) □□□□

音

소리 음(おん)

音 ①〔おん〕音楽(おん がく)　　録音(ろく おん)
　 ②〔いん〕福音(ふく いん)　　母音(ぼ いん)
訓〔おと〕ラジオの音が大きい。　라디오 소리가 크다.

□ 예문 연습

* ジャズはアメリカの(おんがく)である。　□□
  재즈는 미국 음악이다.
* 日本語の(母音)は「あ・い・う・え・お」だ。　□□□
  일본어의 모음은 「あ・い・う・え・お」이다.
* 録音(녹음) □□□□　　* 福音(복음) □□□□

か行으로 읽는 한자음

か	下 化 火 加 可 価 果 科 家 過 歌						ぎん	銀				
かく	画						く	区 具				
かい	回 会 改 海 界 開 階 解						くう	空				
がい	外 害						ぐん	軍				
かく	各 格 閣 確						けい	形 係 計 経 警				
がく	学 楽						げき	劇 撃				
かつ	活 割						けつ	決 結				
かん	完 官 間 感 管 関 館 観						げつ	月				
き	企 気 記 起 帰 基 規 期 器 機						けん	件 見 建 研 検 権 験				
ぎ	技 義 議						げん	元 言 限 原 現				
きゅう	求 究 急 級 球							こ	古 故				
きょ	挙						ご	午 後 語				
きょう	共 供 協 強 教						こう	口 工 公 広 交 光 向 好 考 行 効 校 航 高 港 構				
ぎょう	業						ごう	号 合				
きょく	局						こく	告 国 黒				
きん	近 金						こん	今				

下 아래 하(か)

音 ① 〔か〕 下記(か き)　　地下(ち か)
　② 〔げ〕 下水(げ すい)　下克上(げ こく じょう)
訓 〔した〕 つくえの下にある。　책상 아래에 있다.

□ 예문 연습

* (ちか)を走る電車を地下鉄という。　□□
　지하를 달리는 전차를 지하철이라고 한다.
* ここは(下水)道の工事で不便だ。　□□□
　여기는 하수도 공사로 불편하다.
* 下記(하기) □□　　* 下克上(하극상) □□□□□

化 화할 화(か)

音 ① 〔か〕 化学(か がく)　　文化(ぶん か)
　② 〔け〕 化粧(け しょう)　化身(け しん)
訓 〔ばける〕 きつねが化ける。　여우가 둔갑하다.

□ 예문 연습

* 日本は韓国と違う(ぶんか)がある。　□□
　일본은 한국과 다른 문화가 있다.
* 濃く(化粧)をすると皮膚に悪い。　□□□□□
　진하게 화장을 하면 피부에 나쁘다.
* 化学(화학) □□□　　* 化身(화신) □□□

火 불 화(か)

音〔か〕火事(かじ)　　火災(かさい)
　　　　防火(ぼうか)　　灯火(とうか)
訓〔ひ〕火の用心(ようじん)。 불조심.

□ 예문 연습

* (かじ)にならないように気(き)をつけなさい。 □□
　불이 나지 않도록 주의하거라.
* 冬(ふゆ)は(火災)が発生(はっせい)しやすい季節(きせつ)だ。 □□□
　겨울은 화재가 발생하기 쉬운 계절이다.
* 防火(방화) □□□　　* 灯火(등화) □□□

加 더할 가(か)

音〔か〕加盟(かめい)　　参加(さんか)
　　　　増加(ぞうか)　　加工品(かこうひん)
訓〔くわえる〕速力(そくりょく)を加える。 속력을 더하다.

□ 예문 연습

* 今度(こんど)の試合(しあい)に(さんか)を申(もう)し込(こ)む。 □□
　이번 시합에 참가를 신청하다.
* 人口(じんこう)が(増加)して、学校(がっこう)が足(た)りない。 □□□
　인구가 증가하여 학교가 부족하다.
* 加盟(가맹) □□□　　* 加工品(가공품) □□□□

可 옳을 가, 허락할 가(か)

音〔か〕 可能(か のう)　　可否(か ひ)
　　　　許可(きょ か)　　認可(にん か)
訓 ―

□ 예문 연습

* 今は月へ行くことも(かのう)になった。　□□
　지금은 달에 가는 것도 가능해졌다.
* 国会の見学を(許可)してもらった。　□□□
　국회의 견학을 허락받았다.
* 可否(가부)　□□　　　* 認可(인가)　□□□

価 (價) 값 가(か)

音〔か〕 価格(か かく)　　評価(ひょう か)
　　　　定価(てい か)　　物価(ぶっ か)
訓〔あたい〕 方程式の価を求めよ。　방정식의 값을 구하라.

□ 예문 연습

* 日本では米の(かかく)が全国同じだ。　□□
　일본에서는 쌀 가격이 전국동일하다.
* 今度の発表は高い(評価)を得た。　□□□□
　이번 발표는 높은 평가를 얻었다.
* 定価(정가)　□□□　　　* 物価(물가)　□□□

果 과실 과(か)

音 〔か〕 結果(けっか)　効果(こうか)
　　　　成果(せいか)　果実(かじつ)
訓 〔はたす〕 責任を果たす。　책임을 다하다.

□ 예문 연습

* 試験の(けっか)が知りたい。　□□
　시험 결과를 알고 싶다.
* 毎日運動をして健康に(効果)があった。　□□□
　매일 운동을 하여 건강에 효과가 있었다.
* 成果(성과) □□□　　* 果実(과실) □□□

科 과목 과(か)

音 〔か〕 科学(かがく)　教科(きょうか)
　　　　理科(りか)　学科(がっか)
訓 ―

□ 예문 연습

* 中国は自然(かがく)分野にすぐれている。　□□
　중국은 자연과학 분야에 뛰어나다.
* (教科)がかわると先生もかわる。　□□□□
　교과가 바뀌면 선생님도 바뀐다.
* 理科(이과) □□　　* 学科(학과) □□□

家 집 가(か)

- 音〔か〕家族(か ぞく)　家庭(か てい)
  　　　　国家(こっ か)　政治家(せい じ か)
- 訓〔いえ〕家を建(た)てる。 집을 짓다.

□ 예문 연습

* おかげさまで(かぞく)はみんな健康(けんこう)です。　□□
  덕분에 가족은 모두 건강합니다.
* 彼(かれ)のうちはあかるい(家庭)だ。　□□□
  그의 집은 밝은 가정이다.
* 国家(국가)　□□□　* 政治家(정치가)　□□□□

過 지날 과(か)

- 音〔か〕過去(か こ)　通過(つう か)
  　　　　過失(か しつ)　過半数(か はん すう)
- 訓〔すぎる〕春(はる)が過ぎる。 봄이 지나다.

□ 예문 연습

* 賛成(さんせい)する人(ひと)が(かはんすう)を占(し)める。　□□□
  찬성하는 사람이 과반수를 차지하다.
* 特急(とっきゅう)はこの駅(えき)を止(と)まらず、(通過)する。　□□□
  특급은 이 역을 멈추지 않고 통과한다.
* 過去(과거)　□□　* 過失(과실)　□□□

歌 노래 가(か)

- 音 〔か〕 歌手(か しゅ)　歌曲(か きょく)
  　　　 演歌(えん か)　 国歌(こっ か)
- 訓 〔うたう〕歌を歌う。 노래를 부르다.

□ 예문 연습

* 彼は有名なオペラ(かしゅ)である。 □□
  그는 유명한 오페라가수이다.
* 金さんは(演歌)を上手に歌う。 □□□
  김씨는 엥까를 잘 부른다.
* 歌曲(가곡) □□□□　* 国歌(국가) □□□

画 (畫, 劃) 그림 화(が), 그을 획(かく)

- 音 ① 〔が〕　映画(えい が)　　漫画(まん が)
  　 ② 〔かく〕計画(けい かく)　企画(き かく)
- 訓 ―

□ 예문 연습

* (えいが)を見に行きませんか。 □□
  영화를 보러 가지 않겠습니까?
* 金さんといっしょに冬休みの(計画)を立てる。 □□□□
  김씨와 함께 겨울방학 계획을 세우다.
* 漫画(만화) □□□　* 企画(기획) □□□

回　돌 회(かい)

- 音〔かい〕回答(かい とう)　回復(かい ふく)
　　　　　　回数(かい すう)　今回(こん かい)
- 訓〔まわる〕道を回る。 길을 돌다.

□ 예문 연습

* 読者の質問に親切に(かいとう)する。 □□
　독자의 질문에 친절하게 회답하다.
* (今回)はかならず出席します。 □□□□
　이번에는 반드시 출석하겠습니다.
* 回復(회복) □□□□　　* 回数(회수) □□□□

会　(會) 만날 회(かい)

- 音〔かい〕会社(かい しゃ)　　会議(かい ぎ)
　　　　　　座談会(ざ だん かい)　社会(しゃ かい)
- 訓〔あう〕友人に会う。 친구를 만나다.

□ 예문 연습

* 人間は(しゃかい)の一員である。 □□
　인간은 사회의 일원이다.
* わたしの(会社)は株式会社だ。 □□□□
　우리 회사는 주식회사이다.
* 会議(회의) □□□　　* 座談会(좌담회) □□□□□

改 고칠 개(かい)

音〔かい〕改革(かい かく)　　改正(かい せい)
　　　　　改善(かい ぜん)　　改良(かい りょう)
訓〔あらためる〕態度(たいど)を改める。　태도를 고치다.

□ 예문 연습

* 政治(せいじ)(かいかく)のために論争(ろんそう)する。　□□
  정치개혁을 위해 논쟁하다.
* 生活(せいかつ)(改善)の余知(よち)がある。　□□□□
  생활개선의 여지가 있다.
* 改正(개정)　□□□□　　* 改良(개량)　□□□□□

海 (海) 바다 해(かい)

音〔かい〕海外(かい がい)　　海上(かい じょう)
　　　　　海岸(かい がん)　　海水浴(かい すい よく)
訓〔うみ〕海で泳(およ)ぐ。　바나에서 수영하다.

□ 예문 연습

* 今度(こんど)の夏休(なつやす)みに(かいがい)旅行(りょこう)に行(い)きたい。　□□
  이번 여름방학에 해외여행을 가고 싶다.
* 石油(せきゆ)はおもに(海上)輸送(ゆそう)されている。　□□□□□
  석유는 주로 해상수송되고 있다.
* 海岸(해안)　□□□□　　* 海水浴(해수욕)　□□□□□□

界 경계 계(かい)

音〔かい〕世界(せ かい)　　境界(きょう かい)
　　　　　限界(げん かい)　　財界(ざい かい)

訓 ―

□ 예문 연습

* 国連は(せかい)の平和をねがって生まれた。　□□
　国제연합은 세계 평화를 원하여 태어났다.
* 政治家と(財界)はいろいろ関係がある。　□□□□
　정치가와 재계는 여러가지 관계가 있다.
* 境界(경계) □□□□□　　* 限界(한계) □□□□

開 열 개(かい)

音〔かい〕開発(かい はつ)　　公開(こう かい)
　　　　　開放(かい ほう)　　展開(てん かい)

訓〔あける〕窓を開ける。 창을 열다.

□ 예문 연습

* 新しい商品を(かいはつ)する。　□□
　새로운 상품을 개발하다.
* 米の市場の(開放)がせまってくる。　□□□□
　쌀 시장 개방이 다가오다.
* 公開(공개) □□□□　　* 展開(전개) □□□□

階

계단 계(かい)

音 〔かい〕 階段(かい だん)　　二階(に かい)
　　　　　階級(かい きゅう)　段階(だん かい)

訓 ―

□ 예문 연습

* 急_{いそ}いで(かいだん)にのぼる。　□□
  서둘러서 계단을 오르다.
* わたしの家_{いえ}は(二階)建_だてです。　□□□
  우리집은 2층 건물입니다.
* 階級(계급) □□□□□　* 段階(단계) □□□□

解

풀 해(かい)

音 〔かい〕 解決(かい けつ)　　理解(り かい)
　　　　　解説(かい せつ)　　解放(かい ほう)

訓 〔とく〕 誤解_{ごかい}を解く。　오해를 풀다.

□ 예문 연습

* この問題_{もんだい}を(りかい)するにはむずかしい。　□□
  이 문제를 이해하기에는 어렵다.
* 問題_{もんだい}を(解決)するために努力_{どりょく}しよう。　□□□□
  문제를 풀기 위해서 노력하자.
* 解説(해설) □□□□　* 解放(해방) □□□□

外　　바깥 외(がい)

音〔がい〕海外(かい がい)　　外交(がい こう)
　　　　　外国(がい こく)　＊外科(げ か)
訓〔そと〕外で遊ぶ。　밖에서 놀다.

□ 예문 연습

＊ (がいこく)のことばを外国語という。　□□
　　외국의 말을 외국어라고 한다.
＊ 今度の事件は(外交)問題になる。　□□□□
　　이번 사건은 외교문제가 된다.
＊ 海外(해외) □□□□　＊ 外科(외과) □□

害　　해칠 해(がい)

音〔がい〕被害(ひ がい)　　障害(しょう がい)
　　　　　公害(こう がい)　　損害(そん がい)
訓　ー

□ 예문 연습

＊ 工場が多いので(こうがい)がひどい。　□□
　　공장이 많아서 공해가 심하다.
＊ 台風で農作物は大きな(被害)をうけた。　□□□
　　태풍으로 농작물은 커다란 피해를 입었다.
＊ 障害(장해) □□□□□　＊ 損害(손해) □□□□

各

각각 각(かく)

- 音〔かく〕 各種(かく しゅ)　　各地(かく ち)
　　　　　各自(かく じ)　　＊各国(かっ こく)
- 訓〔おのおの〕各 考えがちがう。 각각 생각이 다르다.

□ 예문 연습

* 国連で(かっこく)の代表が演説する。 □□
  국제연합에서 각국 대표가 연설하다.
* 弁当は(各自)持参すること。 □□□
  도시락은 각자 지참할 것.
* 各種(각종) □□□□　＊各地(각지) □□□

格

격식 격(かく)

- 音〔かく〕 価格(か かく)　　性格(せい かく)
　　　　　資格(し かく)　　本格的(ほん かく てき)
- 訓 ―

□ 예문 연습

* 梅雨が終わると(ほんかくてき)な夏になる。 □□□
  장마가 끝나면 본격적인 여름이 된다.
* 学校の先生をしたいので、資格をとりたい。 □□□
  학교 선생이 되고 싶어서 자격을 따고 싶다.
* 価格(가격) □□□　＊性格(성격) □□□□

閣 누각 각(かく)

音 〔かく〕 内閣(ない かく)　　閣僚(かく りょう)
　　　　　組閣(そ かく)　　　閣議(かく ぎ)

訓 ―

□ 예문 연습

* この案は(かくぎ)で決まった。　□□
  이 안은 각의에서 결정되었다.
* 国会が解散して、(内閣)がかわった。　□□□□
  국회가 해산되고 내각이 바뀌었다.
* 閣僚(각료) □□□□□　　* 組閣(조각) □□□

確 확신할 확(かく)

音 〔かく〕 確実(かく じつ)　　確認(かく にん)
　　　　　確保(かく ほ)　　　正確(せい かく)

訓 〔たしかな〕 確かな証拠　확실한 증거

□ 예문 연습

* 本人のものかどうか(かくにん)する。　□□
  본인의 것인지 어떤지 확인하다.
* ダムを作って水を(確保)する。　□□□
  댐을 만들어 물을 확보하다.
* 確実(확실) □□□□　　* 正確(정확) □□□□

学 (學) 배울 학(がく)

- 音〔がく〕大学(だい がく)　　学者(がく しゃ)
　　　　　留学(りゅう がく)　＊学校(がっ こう)
- 訓〔まなぶ〕日本語(にほんご)を学(まな)ぶ。 일본어를 배우다.

□ 예문 연습

＊来年(らいねん)日本(にほん)へ(りゅうがく)する予定(よてい)だ。 □□
　　내년에 일본에 유학할 예정이다.

＊(学校)で習(なら)ったことを家(いえ)で復習(ふくしゅう)する。 □□□□
　　학교에서 배운 것을 집에서 복습하다.

＊大学(대학) □□□□　　＊学者(학자) □□□□

楽 (樂) 풍류 악(がく), 즐거울 락(らく)

- 音 ①〔がく〕音楽(おん がく)　　声楽(せい がく)
　　②〔らく〕安楽(あん らく)　　娯楽(ご らく)
- 訓〔たのしい〕楽(たの)しく遊(あそ)ぶ。 즐겁게 놀다.

□ 예문 연습

＊趣味(しゅみ)は(おんがく)を聞(き)くことです。□□
　　취미는 음악을 듣는 것입니다.

＊(娯楽)の時間(じかん)がいちばん楽(たの)しい。 □□□
　　오락 시간이 가장 즐겁다.

＊声楽(성악) □□□□　　＊安楽(안락) □□□□

活 살 활(かつ)

音〔かつ〕 生活(せい かつ)　活動(かつ どう)
　　　　 活躍(かつ やく)　活力(かつ りょく)
訓 ー

□ 예문 연습

* 文化的な(せいかつ)をいとなむ。 □□
  문화적인 생활을 영위하다.
* 彼は(活力)のある人です。 □□□□□
  그는 활력이 있는 사람입니다.
* 活動(활동) □□□□　　* 活躍(활약) □□□□

割 나눌 할(かつ)

音〔かつ〕　分割(ぶん かつ)　　割愛(かつ あい)
　　　　 *割賦(かっ ぷ)　　*割腹(かっ ぷく)
訓〔わる〕ガラスを割る。 유리를 깨다.

□ 예문 연습

* 月賦はお金を(ぶんかつ)してはらうことだ。 □□
  월부는 돈을 분할해서 지불하는 것이다.
* (割腹)自殺する。 □□□□
  할복자살하다.
* 割愛(할애) □□□□　　* 割賦(할부) □□□

完   완전할 완(かん)

音 〔かん〕 完全(かん ぜん)   完成(かん せい)
         完備(かん ぴ)   未完(み かん)

訓 ―

□ 예문 연습

* すぐれた作品が(かんせい)した。 □□
  뛰어난 작품이 완성되었다.
* このホテルは冷暖(完備)です。 □□□
  이 호텔은 냉난 완비입니다.
* 完全(완전) □□□□   * 未完(미완) □□□

官   벼슬 관(かん)

音 〔かん〕 警官(けい かん)   長官(ちょう かん)
         外交官(がい こう かん) 官邸(かん さい)

訓 ―

□ 예문 연습

* 政府は(けいかん)の増員をする。 □□
  정부는 경관의 증원을 하다.
* 彼は内閣官房(長官)だ。 □□□□□
  그는 내각관방장관이다.
* 外交官(외교관) □□□□□□   * 官邸(관저) □□□□

間　사이 간(かん)

音〔かん〕時間(じかん)　　期間(きかん)
　　　　　間接(かんせつ)　＊人間(にんげん)
訓〔あいだ〕間をおく。 사이를 두다.

□ 예문 연습

＊ 一日は二十四(じかん)だ。 □□
　하루는 24시간이다.

＊ これを使える(期間)は一年間だ。 □□□
　이것을 사용할 수 있는 기간은 1년간이다.

＊ 間接(간접) □□□□　＊ 人間(인간) □□□□

感　느낄 감(かん)

音〔かん〕感情(かんじょう)　　直感(ちょっかん)
　　　　　感想(かんそう)　　季節感(きせつかん)
訓 ―

□ 예문 연습

＊ 日本人は(かんじょう)を顔に出さない。 □□
　일본인은 감정을 얼굴에 나타내지 않는다.

＊ 本を読んで読書の(感想)文を書く。 □□□□
　책을 읽고 독서 감상문을 쓰다.

＊ 直感(직감) □□□□□　＊ 季節感(계절감) □□□□□

管 대롱 관(かん)

音〔かん〕管理(かん り)　　金管(きん かん)
　　　　血管(けっ かん)　　管弦楽(かん げん がく)
訓〔くだ〕水道の管。　수도관.

□ 예문 연습

* 国立公園は国で(かんり)する。 □□
  국립공원은 나라에서 관리한다.
* (金管)楽器と打楽器。 □□□□
  금관악기와 타악기.
* 血管(혈관) □□□　　* 管弦楽(관현악) □□□□□□

関 (關) 빗장 관(かん)

音〔かん〕関係(かん けい)　　機関(き かん)
　　　　関連(かん れん)　　関心(かん しん)
訓〔せき〕箱根の関。　하꼬네의 관문.

□ 예문 연습

* 急に(かんけい)が悪くなった。 □□
  갑자기 관계가 나빠졌다.
* 自動車(関連)の企業に勤めている。 □□□□
  자동차 관련의 기업에 근무하고 있다.
* 機関(기관) □□□　　* 関心(관심) □□□□

館   집 관(かん)

音〔かん〕 会館(かい かん)　　旅館(りょ かん)
　　　　　図書館(と しょ かん)　映画館(えい が かん)

訓 ―

□ 예문 연습

* (としょかん)で資料を集める。 □□□
  도서관에서 자료를 모으다.
* 結婚式は区民(会館)でします。 □□□□
  결혼식은 구민회관에서 합니다.
* 旅館(여관) □□□□　　* 映画館(영화관) □□□□□

観 (觀)   볼 관(かん)

音〔かん〕 観光(かん こう)　　観測(かん そく)
　　　　　楽観(らっ かん)　　主観(しゅ かん)

訓 ―

□ 예문 연습

* 今度日本へ(かんこう)旅行に行く。 □□
  이번에 일본에 관광여행을 간다.
* それは(主観)的な考えだ。 □□□□
  그것은 주관적인 생각이다.
* 観測(관측) □□□□　　* 楽観(낙관) □□□□

企 꾀할 기(き)

音〔き〕企画(き かく)　　企業(き ぎょう)
　　　企図(き と)
訓〔くわだてる〕功撃を企てる。　공격을 꾀하다.

□ 예문 연습

* ことしから政府は中小(きぎょう)を育成する。 □□
  올해부터 정부는 중소기업을 육성하다.
* 金さんの(企画)が全員一致で選ばれた。 □□□
  김씨의 기획이 전원일치로 뽑혔다.
* 企図(기도) □□

気 (氣) 기운 기(き)

音〔き〕電気(でん き)　　人気(にん き)
　　　空気(くう き)　　天気(てん き)
訓 ―

□ 예문 연습

* 眠る前に(でんき)を消してください。 □□
  자기 전에 전기를 끄십시오.
* (天気)と農作物との関係が深い。 □□□
  날씨와 농작물과의 관계가 깊다.
* 人気(인기) □□□　　* 空気(공기) □□□

記 기록할 기(き)

音〔き〕記者(きしゃ)　記録(きろく)
　　　　記念(きねん)　記事(きじ)
訓 ―

□ 예문 연습

* (きしゃ)会見をして自分の考えをのべた。　□□
  기자회견을 해서 자신의 생각을 말했다.
* 会議の(記録)は書記がとります。　□□□
  회의기록은 서기가 적습니다.
* 記念(기념) □□□　　* 記事(기사) □□

起 일어날 기(き)

音〔き〕起訴(きそ)　起源(きげん)
　　　　起立(きりつ)　再起(さいき)
訓〔おきる〕朝六時に起きる。 아침 6시에 일어난다.

□ 예문 연습

* ロッキード事件は(きそ)された。　□□
  록히드 사건은 기소되었다.
* 生命の(起源)を解明する。　□□□
  생명의 기원을 해명하다.
* 起立(기립) □□□　　* 再起(재기) □□□

帰 (歸) 돌아올 귀(き)

音〔き〕帰国(き こく)　復帰(ふっ き)
　　　　帰化(き か)　　帰属(き ぞく)
訓〔かえる〕早く帰る。 일찍 돌아오다.

□ 예문 연습

* 来月(きこく)する予定だ。　□□
  다음달 귀국할 예정이다.
* 病気が治ったので仕事に(復帰)した。　□□□□
  병이 나아서 일에 복귀했다.
* 帰化(귀화)　□□　　* 帰属(귀속)　□□□

基 터 기(き)

音〔き〕基本(き ほん)　基礎(き そ)
　　　　基地(き ち)　　基準(き じゅん)
訓〔もと〕体験に基づく。 체험에 근거하다.

□ 예문 연습

* (きほん)的な人権を守らなければならない。　□□
  기본적인 인권을 지켜야 한다.
* おきなわには米軍(基地)がある。　□□
  오끼나와에는 미군기지가 있다.
* 基礎(기초)　□□　　* 基準(기준)　□□□□

規

법 규(き)

音〔き〕規則(きそく)　　法規(ほうき)
　　　規定(きてい)　　規制(きせい)

訓 —

□ 예문 연습

* これは(きてい)料金(りょうきん)です。　□□
　이건 규정요금입니다.
* 交通(こうつう)(規則)を守(まも)らなければならない。　□□□
　교통규칙을 지켜야 한다.
* 規定(규정)　□□□　　* 規制(규제)　□□□

期

기약할 기(き)

音〔き〕時期(じき)　　期間(きかん)
　　　長期(ちょうき)　　期待(きたい)

訓 —

□ 예문 연습

* 重(おも)い病気(びょうき)で(ちょうき)欠席(けっせき)している。　□□
　중병으로 장기 결석하고 있다.
* 子供(こども)に(期待)する親(おや)が多(おお)い。　□□□
　아이에 기대하는 부모가 많다.
* 時期(시기)　□□　　* 期間(기간)　□□□

器 (器) 그릇 기(き)

音〔き〕食器(しょっき)　器具(きぐ)
　　　器用(きよう)　楽器(がっき)
訓〔うつわ〕食物を器に入れる。 음식물은 그릇에 담다.

□ 예문 연습

* 食べて、(しょっき)は自分で洗ってください。□□
　먹고, 식기는 자신이 씻으세요.
* 実験の(器具)をこわさないように。□□
　실험 기구를 깨뜨리지 말도록.
* 器用(기용) □□□　　* 楽器(악기) □□□

機 베틀 기(き)

音〔き〕機械(きかい)　動機(どうき)
　　　機会(きかい)　機能(きのう)
訓〔はた〕機をおる。 베를 짜다.

□ 예문 연습

* (きかい)を使って農業をする。□□
　기계를 이용하여 농사를 짓다.
* このビデオは(機能)がすぐれている。□□
　이 비디오는 기능이 뛰어나다.
* 動機(동기) □□□　　* 機会(기회) □□□

技   재주 기(ぎ)

音〔ぎ〕技術(ぎ じゅつ)　　競技(きょう ぎ)
　　　　技能(ぎ のう)　　　演技(えん ぎ)
訓〔わざ〕技をみがく。 기술을 닦다.

□ 예문 연습

* 日本は電子(ぎじゅつ)が進んでいる。 □□
  일본은 전자기술이 발전되었다.

* ソウルでオリンピックの(競技)があった。 □□□□
  서울에서 올림픽 경기가 있었다.

* 技能(기능) □□□　　* 演技(연기) □□□

義   옳을 의(ぎ)

音〔ぎ〕義務(ぎ む)　　意義(い ぎ)
　　　　主義(しゅ ぎ)　　正義(せい ぎ)
訓 ―

□ 예문 연습

* 権利と(ぎむ)をわきまえる。 □□
  권리와 의무를 분별하다.

* 資本(主義)と社会(主義)を比較研究する。 □□□
  자본주의와 사회주의를 비교연구하다.

* 意義(의의) □□　　* 正義(정의) □□□

議 　 의논할 의(ぎ)

音〔ぎ〕議員(ぎ いん)　　会議(かい ぎ)
　　　　協議(きょう ぎ)　審議(しん ぎ)

訓 ―

□ 예문 연습

* この規則(きそく)はみんなで(きょうぎ)して決(き)めた。 □□
  이 규칙은 모두 협의해서 정했다.
* 国会(こっかい)(議員)は全国(ぜんこく)から選(えら)ばれる。 □□□
  국회의원은 전국에서 선출된다.
* 会議(회의) □□□　　* 審議(심의) □□□

求 　 구할 구(きゅう)

音〔きゅう〕要求(よう きゅう)　　追求(つい きゅう)
　　　　　　求職(きゅう しょく)　求人(きゅう じん)

訓〔もとめる〕すぐれた人材(じんざい)だ。 뛰어난 인재이다.

□ 예문 연습

* 賃金(ちんぎん)の値上(ねあ)げを(ようきゅう)する。 □□
  임금 인상을 요구하다.
* 企業(きぎょう)は利益(りえき)を(追求)する。 □□□□
  기업은 이익을 추구한다.
* 求職(구직) □□□□□□　　* 求人(구인) □□□□□

究 궁구할 구(きゅう)

- 音 〔きゅう〕 研究(けん きゅう)   究明(きゅう めい)
            追究(つい きゅう)   学究(がっ きゅう)
- 訓 〔きわめる〕 真理(しんり)を究める。 진리를 규명하다.

□ 예문 연습

* 電車(でんしゃ)の事故(じこ)の原因(げんいん)を(きゅうめい)する。 □□
  전차 사고의 원인을 규명하다.
* 金さんは日本現代文学(にほんげんだいぶんがく)を(研究)する。 □□□□□
  김씨는 일본현대문학을 연구한다.
* 追究(추구) □□□□□   * 学究(학구) □□□□□

急 (急) 급할 급(きゅう)

- 音 〔きゅう〕 急行(きゅう こう)   緊急(きん きゅう)
            特急(とっ きゅう)   急速(きゅう そく)
- 訓 〔いそぐ〕 急いで行く。 서둘러 가다.

□ 예문 연습

* (きゅうこう)は小(ちい)さい駅(えき)は止(とま)らない。 □□
  급행은 조그만 역에서 멈추지 않는다.
* (特急)で行くからあまり時間(じかん)がかからない。 □□□□□
  특급으로 가니까 그다지 시간이 걸리지 않는다.
* 緊急(긴급) □□□□□   * 急速(급속) □□□□□

級　등급 급(きゅう)

- 音〔きゅう〕 上級(じょう きゅう)　進級(しん きゅう)
　　　　　　　高級(こう きゅう)　階級(かい きゅう)
- 訓　―

□ 예문 연습

* あの食堂は(こうきゅう)だから、とても高い。　□□
  그 식당은 고급이어서 매우 비싸다.
* 日本では中産(階級)がふえている。　□□□□□
  일본에서는 중산계급이 많아지고 있다.
* 上級(상급) □□□□□□　　* 進級(진급) □□□□□

球　구슬 구(きゅう)

- 音〔きゅう〕 野球(や きゅう)　地球(ち きゅう)
　　　　　　　球場(きゅう じょう)　球技(きゅう ぎ)
- 訓〔たま〕 野球の球をひろう。　야구공을 줍다.

□ 예문 연습

* 金さんは(やきゅう)選手で有名だ。　□□
  김씨는 야구선수로 유명하다.
* (地球)は太陽をまわるわくせいだ。　□□□□
  지구는 태양을 도는 혹성이다.
* 球場(구장) □□□□□□　　* 球技(구기) □□□□

挙 (擧) 들 거(きょ)

音 〔きょ〕 選挙(せん きょ)　検挙(けん きょ)
　　　　挙行(きょ こう)　一挙(いっ きょ)
訓 〔あげる〕 例を挙げる。 예를 들다.

□ 예문 연습

* 来月から国会議員の(せんきょ)が始まる。 □□
  다음달부터 국회의원의 선거가 시작된다.
* 事故で(一挙)に三人子供に死なれた。□□□□
  사고로 한꺼번에 세 아이가 죽었다.
* 検挙(검거) □□□□　* 挙行(거행) □□□□

共 함께 공(きょう)

音 〔きょう〕 共産(きょう さん)　共同(きょう どう)
　　　　　公共(こう きょう)　共通(きょう つう)
訓 〔とも〕 共にする。 함께 하다.

□ 예문 연습

* 金さんは(きょうさん)主義者だ。 □□
  김씨는 공산주의자이다.
* この図書舘は(公共)の建物だ。 □□□□□
  이 도서관은 공공 건물이다.
* 共同(공동) □□□□□　* 共通(공통) □□□□□

供 이바지할 공(きょう)

音 〔きゅう〕 供給(きょう きゅう)　　提供(てい きょう)
　　　　　　供出(きょう しゅつ)　＊供養(く よう)
訓 〔そなえる〕 花を供える。 꽃을 바치다.

□ 예문 연습

＊ 需要と(きょうきゅう)原則。　□□
　　수요와 공급의 원칙
＊ ある人が場所を(提供)してくれた。　□□□□□
　　어떤 사람이 장소를 제공해 주었다.
＊ 供出(공출) □□□□□□　　＊ 供養(공양) □□□

協 화할 협(きょう)

音 〔きょう〕 協力(きょう りょく)　　協会(きょう かい)
　　　　　　協議(きょう ぎ)　　　　協定(きょう てい)
訓 ―

□ 예문 연습

＊ みんなで(きょうりょく)して新聞を作ろう。　□□
　　모두 협력해서 신문을 만들자.
＊ 日本放送(協会)をNHKという。　□□□□□
　　일본방송협회를 NHK 라고 한다.
＊ 協議(협의) □□□□　　＊ 協定(협정) □□□□□

強 굳셀 강(きょう)

音〔きょう〕強化(きょう か)　　強調(きょう ちょう)
　　　　　強制(きょう せい)　　勉強(べん きょう)
訓〔つよい〕風が強い。　바람이 세차다.

□ 예문 연습

* 試合の前に(きょうか)練習をした。　□□
  시합 전에 강화 연습을 했다.
* 一生けんめい(勉強)しなさい。　□□□□□
  열심히 공부하거라.
* 強調(강조)　□□□□□　　* 強制(강제)　□□□□□

教 (敎) 가르칠 교(きょう)

音〔きょう〕教育(きょう いく)　　教授(きょう じゅ)
　　　　　宗教(しゅう きょう)　　教養(きょう よう)
訓〔おしえる〕英語を教える。　영어를 가르치다.

□ 예문 연습

* 金さんはソウル大学の(きょうじゅ)だ。　□□
  김씨는 서울대학 교수이다.
* 日本で小中学校は義務(教育)だ。　□□□□
  일본에서 초중학교는 의무교육이다.
* 宗教(종교)　□□□□□　　* 教養(교양)　□□□□□

業

업 업(ぎょう)

音〔ぎょう〕業界(ぎょう かい)　企業(き ぎょう)
　　　　　　工業(こう ぎょう)　営業(えい ぎょう)

訓 —

□ 예문 연습

* 自動車(ぎょうかい)は競争がはげしい。□□
  자동차업계는 경쟁이 치열하다.
* 日本は(工業)が発達している。□□□□□
  일본은 공업이 발달되어 있다.
* 企業(기업) □□□□　　* 営業(영업) □□□□□

局

판 국(きょく)

音〔きょく〕結局(けっ きょく)　局面(きょく めん)
　　　　　　当局(とう きょく)　時局(じ きょく)

訓 —

□ 예문 연습

* 両国の関係は重大な(きょくめん)にむかえた。□□
  양국관계는 중대한 국면을 맞이했다.
* 企画は(結局)失敗に終わった。□□□□□
  기획은 결국 실패로 끝났다.
* 当局 (당국) □□□□□　* 時局 (시국) □□□□

近 가까울 근(きん)

音〔きん〕最近(さいきん)　　近代(きんだい)
　　　　付近(ふきん)　　　接近(せっきん)
訓〔ちかい〕駅に近い。　역에서 가깝다.

□ 예문 연습

* (さいきん)カラオケが流行(はや)っている。　□□
  최근 가라오케가 유행하고 있다.
* 駅(えき)の(付近)には店(みせ)が多(おお)い。　□□□
  역 부근에는 가게가 많다.
* 近代(근대)　□□□□　　* 接近(접근)　□□□□

金 쇠 금(きん)

音〔きん〕資金(しきん)　　　金融(きんゆう)
　　　　現金(げんきん)　　料金(りょうきん)
訓〔かね〕お金(かね)もない。　돈도 없다.

□ 예문 연습

* 商売(しょうばい)をやりたいが(しきん)がない。　□□
  장사를 하고 싶지만 자금이 없다.
* 銀行(ぎんこう)は(金融)機関(きかん)である。　□□□□
  은행은 금융기관이다.
* 現金(현금)　□□□□　　* 料金(요금)　□□□□□

銀 은 은(ぎん)

音〔ぎん〕銀行(ぎん こう)　銀河(ぎん が)
　　　　銀貨(ぎん か)　　水銀(すい ぎん)

訓 ―

☐ 예문 연습

* 今使わないお金を(ぎんこう)にあずけておく。 ☐☐
  지금 쓰지 않은 돈을 은행에 저금해두다.
* (水銀)は体にひじょうに悪い。 ☐☐☐☐
  수은은 몸에 몹시 나쁘다.
* 銀河(은하) ☐☐☐　　* 銀貨(은화) ☐☐☐

区 (區) 구역 구(く)

音〔く〕地区(ち く)　　選挙区(せん きょ く)
　　　　区画(く かく)　　区域(く いき)

訓 ―

☐ 예문 연습

* あの人たちは東京(ちく)の代表選手だ。 ☐☐
  저 사람들은 동경지구 대표선수다.
* 東京は十一の(選挙区)にわけられている。 ☐☐☐☐☐
  동경은 11개구 선거구로 나누어져 있다.
* 区画(구획) ☐☐☐　　* 区域(구역) ☐☐☐

具 (具) 갖출 구(ぐ)

音〔ぐ〕 家具(か ぐ)　　　　運動具(うん どう ぐ)
　　　　具体的(ぐ たい てき)　用具(よう ぐ)
訓 ー

□ 예문 연습

* (ぐたいてき)に説明してください。 □□□
  구체적으로 설명해 주세요.
* (家具)は重いからひとりで持ちにくい。 □□
  가구는 무거워서 혼자서 들기 힘들다.
* 運動具(운동구) □□□□□　　* 用具(용구) □□□

空 빌 공(くう)

音〔くう〕 航空(こう くう)　　空港(くう こう)
　　　　　空気(くう き)　　　空想(くう そう)
訓〔そら〕 空がくもっている。　하늘이 흐리다.

□ 예문 연습

* これは空から撮った(こうくう)写真だ。 □□
  이건 하늘에서 찍은 항공사진이다.
* 成田(空港)へ友人をむかえに行く。 □□□□
  나리따 공항에 친구를 맞이하러 가다.
* 空気(공기) □□□　　* 空想(공상) □□□□

軍 군사 군(ぐん)

音〔ぐん〕軍事(ぐん じ)　　軍隊(ぐん たい)
　　　　軍人(ぐん じん)　　軍縮(ぐん しゅく)

訓 ―

□ 예문 연습

* こちらは(ぐんじ)基地です。　□□
　이쪽은 군사기지입니다.
* (軍縮)の論議が活潑である。　□□□□□
　군축 논의가 활발하다.
* 軍隊(군대)　□□□□　　* 軍人(군인)　□□□□

形 형상 형(けい)

音〔けい〕形式(けい しき)　　形勢(けい せい)
　　　　図形(ず けい)　　　*人形(にん ぎょう)

訓〔かたち〕形がまるい。　형태가 둥글다.

□ 예문 연습

* 会議はどんな(けいしき)でやりますか。　□□
　회의는 어떤 형식으로 합니까?
* 試合はどうも(形勢)が悪い。　□□□□
　시합은 아무래도 형세가 나쁘다.
* 図形(도형)　□□□　　* 人形(인형)　□□□□□

係 걸릴 계(けい)

音 〔けい〕 関係(かん けい)　　係累(けい るい)

訓 〔かかる〕 賞金が係る。 상금이 걸리다.

□ 예문 연습

* この人と事件とのどんな(かんけい)がありますか。　□□
  이 사람과 사건과 어떤 관계가 있습니까?
* 金さんは(係累)が多い。　□□□□
  김씨는 딸린 식구가 많다.

計 셈할 계(けい)

音 〔けい〕 計画(けい かく)　　計算(けい さん)
　　　　　　設計(せっ けい)　　会計(かい けい)

訓 〔はかる〕 時間を計る。 시간을 재다.

□ 예문 연습

* 今年の生活の(けいかく)を立てる。　□□
  올해 생활 계획을 세우다.
* この家は日がよくあたるように(設計)した。　□□□□
  이 집은 햇빛이 잘 들도록 설계했다.
* 計算(계산)　□□□□　　* 会計(회계)　□□□□

経 (經) 경서 경(けい)

音〔けい〕 経済(けい ざい)　経営(けい えい)
　　　　 神経(しん けい)　経験(けい けん)
訓〔へる〕 長い年月が経る。 긴 세월이 지나다.

□ 예문 연습

* 彼は豊かな(けいけん)がある。 □□
  그는 풍부한 경험이 있다.

* ノイローゼは(神経)の病気だ。 □□□□
  노이로제는 신경의 병이다.

* 経済(경제) □□□□　　* 経営(경영) □□□□

警　경계할 경(けい)

音〔けい〕 警官(けい かん)　警察(けい さつ)
　　　　 警告(けい こく)　警備(けい び)
訓

□ 예문 연습

* デモがあるので、(けいかん)が道に立っている。 □□
  데모가 있어서 경관이 길에 서 있다.

* 人の(警告)を無視してやる。 □□□□
  남의 경고를 무시하다.

* 警察(경찰) □□□□　　* 警備(경비) □□□

劇

심할 극, 연극 극(げき)

音〔げき〕劇場(げき じょう)　演劇(えん げき)
　　　　喜劇(き げき)　　　劇薬(げき やく)

訓 ―

☐ 예문 연습

* 金さんは(えんげき)の脚本を書く。☐☐
  김씨는 연극 극본을 쓴다.
* 国立(劇場)で歌舞技を見た。☐☐☐☐☐
  국립극장에서 가부끼를 보았다.
* 喜劇(희극) ☐☐☐　　* 劇薬(극약) ☐☐☐☐

撃

(擊) 칠 격(げき)

音〔げき〕功撃(こう げき)　爆撃(ばく げき)
　　　　撃破(げき は)　　打撃(だ げき)

訓〔うつ〕銃を撃つ。총을 쏘다.

☐ 예문 연습

* 相手のはげしい(こうげき)で負けた。☐☐
  상대의 격심한 공격으로 졌다.
* この村は台風でひどい(打撃)をうけた。☐☐☐
  이 마을은 태풍으로 심한 타격을 입었다.
* 爆撃(폭격) ☐☐☐☐　* 撃破(격파) ☐☐☐

決 정할 결(けつ)

音〔けつ〕 解決(かい けつ)　　＊決定(けっ てい)
　　　　＊決勝(けっ しょう)　　＊決心(けっ しん)
訓〔きめる〕行き先を決める。 행선지를 정하다.

□ 예문 연습

＊ (けっしょう)で勝った人はいちばん強い。□□
　결승에서 이긴 사람은 가장 강하다.
＊ 両国の国境の問題がとうとう(解決)した。□□□□
　양국의 국경 문제가 드디어 해결되었다.
＊ 決定(결정) □□□□　＊ 決心(결심) □□□□

結 맺을 결(けつ)

音〔けつ〕 結論(けつ ろん)　　＊結果(けっ か)
　　　　＊結局(けっ きょく)　　＊結婚(けっ こん)
訓〔むすぶ〕ひもを結ぶ。 끈을 잇다.

□ 예문 연습

＊ 試験の(けっか)をはやく知りたいです。 □□
　시험결과를 빨리 알고 싶습니다.
＊ このごろ社内(結婚)が多くなりました。□□□□
　요즘 사내결혼이 많아졌습니다.
＊ 結論(결론) □□□□　＊ 結局(결국) □□□□□

月　달 월(げつ)

音 ① 〔げつ〕満月(まんげつ)　＊月刊(げっかん)
　② 〔がつ〕四月(しがつ)　　五月(ごがつ)
訓 〔つき〕月が出る。　달이 뜨다.

□ 예문 연습

＊ 日本では学校は(しがつ)に始まる。　□□
　 일본에서는 학교는 4월에 시작된다.
＊ この雑誌は(月刊)誌である。　□□□□
　 이 잡지는 월간지이다.
＊ 満月(만월)　□□□□　＊ 五月(오월)　□□□

件　사건 건(けん)

音 〔けん〕事件(じけん)　　条件(じょうけん)
　　　　　要件(ようけん)　人件費(じんけんひ)
訓 ―

□ 예문 연습

＊ まだ(じけん)が解決していない。　□□
　 아직 사건이 해결되지 않았다.
＊ 貿易会社に有利な(条件)で採用される。　□□□□□
　 무역회사에 유리한 조건으로 채용되다.
＊ 要件(요건)　□□□□　＊ 人件費(인건비)　□□□□□

見 볼 견(けん)

音 〔けん〕 意見(い けん)　　会見(かい けん)
　　　　　発見(はっ けん)　　見学(けん がく)
訓 〔みる〕 テレビを見る。　텔레비전을 보다.

□ 예문 연습

* コロンブスはアメリカ大陸(たいりく)を(はっけん)した。　□□
  콜럼버스는 아메리카대륙을 발견했다.
* 今日首相(きょうしゅしょう)の記者(きしゃ)(会見)がある。　□□□□
  오늘 수상의 기자회견이 있다.
* 意見(의견) □□□　　* 見学(견학) □□□□

建 세울 건(けん)

音 〔けん〕 建設(けん せつ)　　建築(けん ちく)
　　　　　再建(さい けん)　　*建立(こん りゅう)
訓 〔たてる〕 建物(たてもの)を建てる。　건물을 세우다.

□ 예문 연습

* 新空港(しんくうこう)の(けんせつ)が進(すす)んでいる。　□□
  신공항 건설이 진행되고 있다.
* 村田(むらだ)さんは世界的(せかいてき)に有名(ゆうめい)な(建築)家(か)だ。　□□□□
  무라다 씨는 세계적으로 유명한 건축가다.
* 再建(재건) □□□□　　* 建立(건립) □□□□□

研 (研) 갈 연(けん)

音〔けん〕研究(けん きゅう)　研磨(けん ま)
　　　　　研修(けん しゅう)　学研(がっ けん)
訓〔とぐ〕はさみを研ぐ。　가위를 갈다.

□ 예문 연습

* 金博士は今日(けんきゅう)論文を発表する。　□□
  김박사는 오늘 연구논문을 발표한다.
* 来月日本へ技術の(研修)に行く。　□□□□□
  다음달 일본에 기술 연수를 간다.
* 研磨(연마)　□□□　　* 学研(학연)　□□□□

検 (檢) 검사할 검(けん)

音〔けん〕検査(けん さ)　　検討(けん とう)
　　　　　検定(けん てい)　検察(けん さつ)
訓 ―

□ 예문 연습

* 川の水がきれいかどうか(けんさ)する。　□□
  강물이 깨끗한지 아닌지 검사한다.
* この計画は(検討)してから決める。　□□□□
  이 계획은 검토하고 나서 정한다.
* 検定(검정)　□□□□　　* 検察(검찰)　□□□□

権 (權) 권세 권(けん)

音〔けん〕 政権(せいけん)　権利(けんり)
　　　　　権威(けんい)　人権(じんけん)

訓 ―

□ 예문 연습

* 民自党(みんじとう)が(せいけん)をにぎっている。 □□
  민자당이 정권을 잡고 있다.
* 私(わたし)の好(す)きなようにする(権利)がある。 □□□
  내가 좋아하는 대로 할 권리가 있다.
* 権威(권위) □□□　　* 人権(인권) □□□□

験 (驗) 험할 험(けん)

音〔けん〕 経験(けいけん)　試験(しけん)
　　　　　実験(じっけん)　体験(たいけん)

訓 ―

□ 예문 연습

* 来週(らいしゅう)から期末(きまつ)(しけん)が始(はじ)まる。 □□
  다음주부터 기말시험이 시작된다.
* あの先生(せんせい)は(経験)が長(なが)くて教(おし)えるのがうまい。 □□□□
  저 선생님은 경험이 풍부해서 가르치는 것이 능숙하다.
* 実験(실험) □□□□　* 体験(체험) □□□□

元 으뜸 원(げん)

音〔げん〕元気(げん き)　　紀元前(き げん ぜん)
　　　　元素(げん そ)　　＊元日(がん じつ)
訓〔もと〕火の元。　화재의 근원.

□ 예문 연습

＊ 子供が庭で(げんき)に遊んでいる。　□□
　아이가 정원에서 건강하게 놀고 있다.

＊ (元素)記号は何ですか。　□□
　원소기호는 무엇입니까?

＊ 元日(설날) □□□□　　＊ 紀元前(기원전) □□□□□

言 말씀 언(げん)

音〔げん〕発言(はつ げん)　　宣言(せん げん)
　　　　言論(げん ろん)　　＊無言(む ごん)
訓〔いう〕小言を言う。　잔소리를 하다.

□ 예문 연습

＊ みなさん、順に(はつげん)してください。　□□
　여러분 순서대로 발언하십시오.

＊ オリンピックの開会を(宣言)した。　□□□□
　올림픽 개회를 선언했다.

＊ 言論(언론) □□□□　　＊ 無言(무언) □□□

限 한정 한(げん)

- 音 〔げん〕 制限(せい げん)　期限(き げん)
　　　　　限度(げん ど)　　限界(げん かい)
- 訓 〔かぎる〕 体力に限りがある。 체력에 한계가 있다.

□ 예문 연습

* 願書の提出(きげん)を守ってください。 □□
　원서 제출 기한을 지키십시오.
* この道路では80キロに(制限)されている。 □□□□
　이 도로에서는 80킬로로 제한되어 있다.
* 限度(한도) □□□　　* 限界(한계) □□□□

原 근원 원(げん)

- 音 〔げん〕 原因(げん いん)　原則(げん そく)
　　　　　原作(げん さく)　原子(げん し)
- 訓 〔はら〕 野原(のはら) 들판

□ 예문 연습

* たばこの火が(げんいん)で火事になった。 □□
　담배불이 원인으로 불이 났다.
* (原子)の力は第三の火といわれている。 □□□
　원자력은 제3의 불이라고 불리우고 있다.
* 原則(원칙) □□□□　　* 原作(원작) □□□□

現   나타날 현(げん)

音 〔げん〕 現代(げん だい)　　現在(げん ざい)
　　　　　現場(げん ば)　　実現(じつ げん)
訓 〔あらわれる〕 すがたが現れる。 모습이 나타나다.

□ 예문 연습

* (げんだい)は情報化時代である。 □□
  현대는 정보화시대이다.
* 事故の(現場)を写真にとっておく。 □□□
  사고현장을 사진으로 찍어두다.
* 現在(현재) □□□□　　* 実現(실현) □□□□

古   옛 고(こ)

音 〔こ〕 古典(こ てん)　　古風(こ ふう)
　　　　 古代(こ だい)　　古今(こ きん)
訓 〔ふるい〕 この家は古い。 이 집은 낡았다.

□ 예문 연습

* 万葉集は日本がほこる(こてん)文学です。 □□
  「만요슈」는 일본이 자랑하는 고전문학입니다.
* (古風)な考えをあらためる。 □□□
  낡은 생각을 고치다.
* 古代(고대) □□□　　* 古今(고금) □□□

故 연고 고(こ)

音〔こ〕 事故(じ こ)　　　故障(こ しょう)
　　　　故郷(こ きょう)　　故意(こ い)

訓 ―

□ 예문 연습

* 友(とも)だちが交通(こうつう)(じこ)で死(し)んだ。 □□
  친구가 교통사고로 죽었다.

* ラジオが(故障)しているので、聞(き)けない。 □□□□□
  라디오가 고장나서 들을 수 없다.

* 故郷(고향) □□□□　　* 故意(고의) □□

午 낮 오(ご)

音〔ご〕 午後(ご ご)　　　午前(ご ぜん)
　　　　正午(しょう ご)　　端午(たん ご)

訓 ―

□ 예문 연습

* (しょうご)から10分間(ぶんかん)ニュースがあります。 □□
  정오부터 10분간 뉴스가 있습니다.

* 日本(にほん)では夏(なつ)は(午前)5時(じ)ごろ日(ひ)が出(で)る。 □□□
  일본에서는 여름에는 오전 5시 무렵 해가 뜬다.

* 午後(오후) □□　　* 端午(단오) □□□

後　뒤 후(ご)

音〔ご〕　午後(ご ご)　　　　最後(さい ご)
　　　　戦後(せん ご)　　　　前後(ぜん ご)
訓〔うしろ〕後ろに人がいる。　뒤에 사람이 있다.

□ 예문 연습

* 今は(せんご)生まれの人が多い。　□□
　지금은 전후에 출생한 사람이 많다.
* あした出席できる人は十人(前後)だ。　□□□
　내일 출석할 수 있는 사람은 10명 전후다.
* 午後(오후) □□　　* 最後(최후) □□□

語　말씀 어(ご)

音〔ご〕　英語(えい ご)　　　　国語(こく ご)
　　　　外国語(がい こく ご)　語学(ご がく)
訓〔かたる〕事件を語る。　사건을 이야기하다.

□ 예문 연습

* 今(えいご)は世界の共通語になった。　□□
　지금 영어는 세계 공통어가 되었다.
* (外国語)は日本語を習った。　□□□□□
　외국어는 일본어를 배웠다.
* 国語(국어) □□□　　* 語学(어학) □□□

口　입 구(こう)

音 ① 〔こう〕 人口(じん こう)　　口論(こう ろん)
　 ② 〔く〕　口調(く ちょう)　　口伝(く でん)
訓 〔くち〕 口を大きくあける。　입을 크게 벌리다.

□ 예문 연습

* 東京の(じんこう)は約一千万だ。　□□
  동경의 인구는 약 1천만이다.

* なめらかな(口調)で話す。　□□□□
  부드러운 어조로 이야기하다.

* 口論(구론) □□□□　　* 口伝(구전) □□□

工　장인 공(こう)

音 ① 〔こう〕 工業(こう ぎょう)　　工事(こう じ)
　 ② 〔く〕　細工(さい く)　　大工(だい く)
訓 ―

□ 예문 연습

* 日本は(こうぎょう)が発達している。　□□
  일본은 공업이 발달되어 있다.

* 竹(細工)のかごを作る。　□□□
  죽세공의 바구니를 만들다.

* 工事(공사) □□□　　* 大工(목수) □□□

 공변될 공(こう)

音〔こう〕公演(こう えん)　　公開(こう かい)
　　　　　公衆(こう しゅう)　　公共(こう きょう)
訓〔おおやけ〕公園は公の物。 공원은 공공의 것.

□ 예문 연습

* 一般(こうかい)の討論会が開かれる。 □□
　일반공개 토론회가 열리다.
* 来週演劇の(公演)があるそうだ。 □□□□
　다음주 연극 공연이 있다고 한다.
* 公衆(공중) □□□□□　　* 公共(공공) □□□□□

広 (廣) 넓을 광(こう)

音〔こう〕広告(こう こく)　　広大(こう だい)
　　　　　広範囲(こう はん い)　広野(こう や)
訓〔ひろい〕広い道。 넓은 길.

□ 예문 연습

* この商品は新聞の(こうこく)で見た。 □□
　이 상품은 신문 광고에서 봤다.
* (広大)な野原が広がっている。 □□□□
　광대한 들판이 펼쳐있다.
* 広範囲(광범위) □□□□□　* 広野(광야) □□□

交 　사귈 교(こう)

音〔こう〕交通(こう つう)　　交渉(こう しょう)
　　　　　外交(がい こう)　　交際(こう さい)
訓〔まじわる〕友人と交わる。　친구와 사귀다.

□ 예문 연습

* 韓国と日本との(こうしょう)があった。　□□
  한국과 일본과의 교섭이 있었다.
* 車が多すぎて(交通)がせまっている。　□□□□
  차가 너무 많아 교통이 막히고 있다.
* 外交(외교) □□□□　　* 交際(교제) □□□□

光 　빛 광(こう)

音〔こう〕観光(かん こう)　　光線(こう せん)
　　　　　光栄(こう えい)　　陽光(よう こう)
訓〔ひかる〕白く光る雪　하얗게 빛나는 눈

□ 예문 연습

* 日本には美しい(かんこう)地が多い。□□
  일본에는 아름다운 관광지가 많다.
* お会いできて(光栄)です。　□□□□
  만날 수 있게 되어 영광입니다.
* 光線(광선) □□□□　　* 陽光(양광) □□□□

向 향할 향(こう)

音 〔こう〕 方向(ほう こう)　　傾向(けい こう)
　　　　　意向(い こう)　　　向上(こう じょう)
訓 〔むこう〕 川の向こうにある。　강 건너편에 있다.

□ 예문 연습

* ロケットが目的の(ほうこう)に進む。　□□
  로켓이 목적한 방향으로 나아가다.
* 本人の(意向)で結婚式はやらないことにした。　□□□
  본인의 의향으로 결혼식은 하지 않기로 했다.
* 傾向(경향) □□□□　　* 向上(향상) □□□□□

好 좋아할 호(こう)

音 〔こう〕 好調(こう ちょう)　　好評(こう ひょう)
　　　　　友好(ゆう こう)　　　好意(こう い)
訓 〔このむ〕 果物を好む。　과일을 좋아하다.

□ 예문 연습

* 彼はこのごろ(こうちょう)で、いつも試合に勝つ。　□□
  그는 요즘 호조로 항상 시합에서 이긴다.
* 韓国と日本は(友好)関係をたもつ。　□□□□
  한국과 일본은 우호관계를 유지하다.
* 好評(호평) □□□□□　　* 好意(호의) □□□

| 考 | 생각할 고(こう) |

音 〔こう〕 参考(さん こう)　　考慮(こう りょ)
　　　　　思考(し こう)　　　考案(こう あん)
訓 〔かんがえる〕 ふかく考える。 깊이 생각하다.

□ 예문 연습

* (さんこう)意見を申し上げます。 □□
  참고 의견을 말씀드리겠습니다.
* この問題を(考慮)すべきだ。 □□□□
  이 문제를 고려해야 한다.
* 思考(사고) □□□　　* 考案(고안) □□□□

| 行 | 갈 행(こう) |

音 ①〔こう〕　銀行(ぎん こう)　　旅行(りょ こう)
　　②〔ぎょう〕行事(ぎょう じ)　　行政(ぎょう せい)
訓 〔いく〕 会社へ行く。 회사에 가다.

□ 예문 연습

* 海外(りょこう)に行く人が多くなった。 □□
  해외여행을 가는 사람이 많아졌다.
* 年中(行事)が行なわれる。 □□□□
  연중행사가 행해지다.
* 銀行(은행) □□□□　　* 行政(행정) □□□□□

効 (效) 본받을 효(こう)

音 〔こう〕 効果(こう か)   有効(ゆう こう)
       無効(む こう)   効力(こう りょく)
訓 〔きく〕 暖房(だんぼう)がよく効く。 난방이 잘 들다.

□ 예문 연습

* 癌(がん)にはまだ(ゆうこう)な 薬(くすり)がない。 □□
  암에는 아직 유효한 약이 없다.

* なんの(効果)もなしに終わった。 □□□
  아무런 효과없이 끝났다.

* 無効(무효) □□□   * 効力(효력) □□□□□

校 학교 교(こう)

音 〔こう〕 学校(がっ こう)   校舎(こう しゃ)
       登校(とう こう)   校長(こう ちょう)
訓 ―

□ 예문 연습

* 女(おんな)の(こうちょう)先生(せんせい)もたくさんいる。 □□
  여자 교장선생님도 많이 있다.

* 学生(がくせい)が多(おお)くなって新(あたら)しい(校舎)を建(た)てた。 □□□□
  학생이 많아져서 새로운 교사를 세웠다.

* 学校(학교) □□□□   * 登校(등교) □□□□

航 배로 물건널 항(こう)

音〔こう〕航空(こう くう)　航海(こう かい)
　　　　　航路(こう ろ)　　就航(しゅう こう)
訓 ―

□ 예문 연습

* 日本(こうくう)のマークはつるです。　□□
　일본항공의 마크는 학입니다.
* 油造船は今印度洋を(航海)している。　□□□□
　유조선은 지금 인도양을 항해하고 있다.
* 航路(항로)　□□□　　* 就航(취항)　□□□□□

高 높을 고(こう)

音〔こう〕最高(さい こう)　　高級(こう きゅう)
　　　　　高校(こう こう)　　高価(こう か)
訓〔たかい〕山が高い。　산이 높다.

□ 예문 연습

* 富士山は日本で(さいこう)の山だ。　□□
　후지산은 일본에서 최고의 산이다.
* 中学を卒業して(高校)に進学する。　□□□□
　중학을 졸업하고 고등학교에 진학하다.
* 高級(고급)　□□□□□　　* 高価(고가)　□□□

港 항구 항(こう)

- 音 〔こう〕 空港(くう こう)　出港(しゅっ こう)
　　　　　入港(にゅう こう)　港湾(こう わん)
- 訓 〔みなと〕 港から船が出る。　항구에서 배가 나가다.

□ 예문 연습

* この飛行機は成田(空港)までです。　□□
　이 비행기는 나리따 공항까지입니다.
* この船は間もなく(出港)します。　□□□□□
　이 배는 곧 출항합니다.
* 入港(입항) □□□□□　　* 港湾(항만) □□□□

構 얽을 구(こう)

- 音 〔こう〕 機構(き こう)　　構成(こう せい)
　　　　　構想(こう そう)　　構図(こう ず)
- 訓 〔かまう〕 わたしとは構わない。　나와는 상관없다.

□ 예문 연습

* 社会党の(きこう)を改革する案がある。　□□
　사회당의 기구를 개혁하는 안이 있다.
* 野球のチームが(構成)された。　□□□□
　야구팀이 구성되었다.
* 構想(구상) □□□□　　* 構図(구도) □□□

号 (號) 부르짖을 호(ごう)

音 〔ごう〕 信号(しん ごう)　　番号(ばん ごう)
　　　　　 記号(き ごう)　　　暗号(あん ごう)
訓 ―

□ 예문 연습

* 赤い(しんごう)と青い(しんごう)。□□
  빨간 신호와 파란 신호.
* 電話(番号)を教えてください。 □□□□
  전화번호를 가르쳐 주십시오.
* 記号(기호) □□□　　* 暗号(암호) □□□□

合　합할 합(ごう)

音 〔ごう〕 合格(ごう かく)　　連合(れん ごう)
　　　　　 合理(ごう り)　　　総合(そう ごう)
訓 〔あう〕 意見が合う。 의견이 맞다.

□ 예문 연습

* 戦争で(れんごう)軍が勝った。　□□
  전쟁에서 연합군이 이겼다.
* 東京大学は(総合)大学だ。 □□□□
  동경대학은 종합대학이다.
* 合格(합격) □□□□　　* 合理(합리) □□□

告 　고할 고(こく)

音 〔こく〕 広告(こう こく)　　報告(ほう こく)
　　　　　　勧告(かん こく)　　申告(しん こく)
訓 〔つげる〕 時を告げる。　때를 알리다.

□ 예문 연습

* 会費をどのように使ったか(ほうこく)した。　□□
　회비를 어떻게 썼는지 보고했다.
* 友人の(勧告)で入社した。　□□□□
　친구의 권고로 입사했다.
* 広告(광고) □□□□　　* 申告(신고) □□□□

国 (國) 나라 국(こく)

音 〔こく〕 国際(こく さい)　　国民(こく みん)
　　　　　　全国(ぜん こく)　　国土(こく ど)
訓 〔くに〕 国へ帰る。　고향(나라)에 돌아가다.

□ 예문 연습

* ここには会議をする(こくさい)会議場がある。　□□
　여기에는 회의를 하는 국제회의장에 있다.
* (全国)にわたって雨が降る。　□□□□
　전국에 걸쳐서 비가 내리다.
* 国民(국민) □□□□　　* 国土(국토) □□□

黒 (黑) 검을 흑(こく)

- 音 〔こく〕 黒人(こく じん)　黒板(こく はん)
　　　　　　暗黒(あん こく)　　黒白(こく びゃく)
- 訓 〔くろい〕 黒子と赤字(くろじ と あかじ)。　흑자와 적자.

□ 예문 연습

* 「深い川(ふかい かわ)」というのは(こくじん)の有名な歌(ゆうめい な うた)だ。　□□
　「깊은 강」이라는 것은 흑인의 유명한 노래다.
* (黒板)に字を大きく書く(じ を おお きく か)。　□□□□
　흑판에 글씨를 크게 쓰다.
* 暗黒(암흑) □□□□　　* 黒白(흑백) □□□□□

今 이제 금(こん)

- 音 〔こん〕 今後(こん ご)　　　今回(こん かい)
　　　　　　今夜(こん や)　　　今日(こん にち)
- 訓 〔いま〕 今何時(いま なんじ)ですか。　지금 몇 시입니까?

□ 예문 연습

* (こんご)食糧問題(しょくりょうもんだい)が起(お)こるだろう。　□□
　금후 식량문제가 일어날 것이다.
* (今日)は公害問題(こうがいもんだい)がひどい。　□□□□
　오늘날은 공해문제가 심하다.
* 今回(금회) □□□□　　* 今夜(오늘밤) □□□

新字体

*앞字는 正字, 뒷字는 新字体

錢 → 錢	檢 → 検	毎 → 毎	戀 → 恋
殘 → 残	雜 → 雑	海 → 海	灣 → 湾
壞 → 壊	粹 → 粋	悔 → 悔	蠻 → 蛮
壤 → 壌	醉 → 酔	曡 → 畳	專 → 専
讓 → 譲	勤 → 勤	澁 → 渋	惠 → 恵
孃 → 嬢	難 → 難	攝 → 摂	屬 → 属
黑 → 黒	漢 → 漢	黃 → 黄	獨 → 独
練 → 練	峽 → 峡	橫 → 横	觸 → 触
鍊 → 錬	挾 → 挟	燒 → 焼	數 → 数
來 → 来	兩 → 両	曉 → 暁	樓 → 楼
麥 → 麦	滿 → 満	佛 → 仏	斷 → 断
		拂 → 払	繼 → 継

④ 어미글자가 바뀜에 따라 줄인 경우

區 → 区	爭 → 争	賣 → 売	廣 → 広
歐 → 欧	淨 → 浄	讀 → 読	擴 → 拡
毆 → 殴	靜 → 静	續 → 続	鑛 → 鉱
亞 → 亜	齊 → 斉	眞 → 真	僞 → 偽
惡 → 悪	濟 → 済	愼 → 慎	帶 → 帯
樂 → 楽	會 → 会	從 → 従	滯 → 滞
藥 → 薬	繪 → 絵	縱 → 縦	藏 → 蔵
發 → 発	萬 → 万	壽 → 寿	臟 → 臓
廢 → 廃	勵 → 励	鑄 → 鋳	

☞ 166페이지에 계속 이어짐.

さ行으로 읽는 한자음

さ	右 査				じょ	女 助		
ざ	座				しょう	小 少 消 商 勝 証 賞		
さい	再 済 最 裁 際				じょう	上 条 状 乗 常 情 場		
ざい	左				しょく	食 職		
さく	作 昨 策				しん	心 信 申 身 神 真 進 新 審 親		
さん	山 参 産 算				じん	人		
ざん	残				すい	水		
し	士 子 支 止 仕 市 死 私 使 始 思 指 施 師 紙 視 試 資				すう	数		
じ	示 次 自 事 治 持 時				せ	世		
しき	式				せい	正 生 成 西 声 制 性 青 政 省 清 勢 製 整		
しつ	室 失 質				ぜい	税		
じつ	実				せき	石 赤 席 積		
しゃ	写 社 車 者				せつ	切 設 説		
しゅ	手 主 首 株 種				せん	千 先 専 船 戦 線 選		
じゅ	受				ぜん	全 前 然		
しゅう	収 終 週 集				そ	組		
じゅう	住 重				そう	早 争 相 送 想 総		
しゅく	宿				ぞう	造 増 蔵		
しゅつ	出				そく	足		
じゅつ	術				ぞく	続		
しゅん	春				そん	村		
しょ	初 所 書 署							

左 왼 좌(さ)

音〔さ〕左右(さ ゆう)　　左翼(さ よく)
　　　　左派(さ は)　　　左官(さ かん)
訓〔ひだり〕左にまがる。 왼쪽으로 돌다.

□ 예문 연습

* (さよく)学生たちが試験をボイコットした。 □□
  좌익 학생들이 시험을 보이콧했다.
* この建物は(左右)対称をなしている。 □□□
  이 건물은 좌우대칭을 이루고 있다.
* 左派(좌파) □□　　* 左官(좌관) □□□

査 조사할 사(さ)

音〔さ〕調査(ちょう さ)　　捜査(そう さ)
　　　　検査(けん さ)　　　探査(たん さ)
訓 ―

□ 예문 연습

* くわしく(ちょうさ)して報告しなさい。 □□
  자세히 조사하여 보고하시오.
* 犯人の(捜査)に犬を使うこともある。 □□□
  범인 수사에 개를 사용하는 일도 있다.
* 検査(검사) □□□　　* 探査(탐사) □□□

座 자리 좌(ざ)

- 音〔ざ〕座席(ざ せき)　座談(ざ だん)
　　　　座標(ざ ひょう)　講座(こう ざ)
- 訓〔すわる〕足をくんで座る。 다리를 꼬고 앉다.

□ 예문 연습

* わたしの(ざせき)はどこですか。 □□
　내 좌석은 어디입니까?
* 引退すると(座談)会で発言した。 □□□
　은퇴한다고 좌담회에서 발언했다.
* 座標(좌표) □□□□　　* 講座(강좌) □□□

再 두 재(さい)

- 音〔さい〕再発(さい はつ)　再開(さい かい)
　　　　再建(さい けん)　再選(さい せん)
- 訓〔ふたたび〕再び行くまい。 두번 다시 가지 않았다.

□ 예문 연습

* 会議は少し休んで(さいかい)された。 □□
　회의는 조금 쉬고 재개되었다.
* 病気の(再発)に注意する。 □□□□
　병의 재발에 주의하다.
* 再建(재건) □□□□　　* 再選(재선) □□□□

済 (濟) 건널 제(さい)

音〔さい〕返済(へん さい)　　決済(けっ さい)
　　　　　共済(きょう さい)　＊経済(けい ざい)
訓〔すむ〕まつりが済む。　축제가 끝나다.

□ 예문 연습

＊ 借りた金を分けて(へんさい)する。　□□
　 빌린 돈을 나누어 변제하다.
＊ 日本の(経済)は戦後ひじょうに成長した。　□□□□
　 일본의 경제는 전후 무척 성장했다.
＊ 決済(결제) □□□□　＊ 共済(공제) □□□□□

最 가장 최(さい)

音〔さい〕最近(さい きん)　　最高(さい こう)
　　　　　最終(さい しゅう)　最初(さい しょ)
訓〔もっとも〕最も大切だ。　가장 소중하다.

□ 예문 연습

＊ (さいきん)日本語を習っている人がふえている。　□□
　 최근 일본어를 배우는 사람이 늘어나고 있다.
＊ (最終)電車は0時五分です。　□□□□□
　 마감 전차는 0시 5분입니다.
＊ 最高(최고) □□□□　＊ 最初(최초) □□□□

裁 마를 재(さい)

- 音 〔さい〕 裁判(さい ばん)　　総裁(そう さい)
  　　　　　　制裁(せい さい)　　裁縫(さい ほう)
- 訓 〔たつ〕 はさみで裁つ。　가위로 자르다.

□ 예문 연습

* 自民党の(そうさい)は公選で決める。　□□
  자민당의 총재는 공선으로 정한다.
* 公害の(裁判)で被害者が勝った。　□□□□
  공해재판에서 피해자가 이겼다.
* 制裁(제재) □□□□　　* 裁縫(재봉) □□□□

際 가 제(さい)

- 音 〔さい〕 国際(こく さい)　　実際(じっ さい)
  　　　　　　交際(こう さい)　　際限(さい げん)
- 訓 〔きわ〕 窓際(まどぎわ) 창가

□ 예문 연습

* 最近(こくさい)化を叫んでいる。　□□
  최근 국제화를 외치고 있다.
* 聞いたことがあるが(実際)に見たことがない。　□□□□
  들은 적은 있지만 실제로 본 적은 없다.
* 交際(교제) □□□□　　* 際限(제한) □□□□

在   있을 재(ざい)

音 〔ざい〕 現在(げん ざい)　　存在(そん ざい)
　　　　　在学(ざい がく)　　滞在(たい ざい)
訓 〔ある〕 池が在る。 연못이 있다.

□ 예문 연습

* (げんざい)世界人口は40億ぐらいだ。　□□
  현재 세계인구는 40억 정도이다.

* これは貴中な(存在)である。　□□□□
  이것은 귀중한 존재이다.

* 在学(재학) □□□□　　* 滞在(체재) □□□□

作   지을 작(さく)

音 ① 〔さく〕 作品(さく ひん)　　製作(せい さく)
　② 〔さ〕　 動作(どう さ)　　作業(さ ぎょう)
訓 〔つくる〕 いすを作る。 의자를 만들다.

□ 예문 연습

* この映画は学生が(せいさく)した。　□□
  이 영화는 학생이 제작했다.

* このごろきつい(作業)はしない。　□□□□
  요즘 힘든 작업은 하지 않는다.

* 作品(작품) □□□□　　* 動作(동작) □□□

昨   어제 작(さく)

音〔さく〕 昨年(さく ねん)　　昨夜(さく や)
　　　　　昨晩(さく ばん)　　昨日(さく じつ)

訓 ―

□ 예문 연습

* 兄は(さくねん)結婚した。 □□
  형은 작년에 결혼했다.
* (昨夜)電車の事故があった。 □□□
  어젯밤 전차사고가 있었다.
* 昨晩(어제밤) □□□□　　* 昨日(어제) □□□□

策   꾀 책(さく)

音〔さく〕 政策(せい さく)　　対策(たい さく)
　　　　　失策(しっ さく)　　策動(さく どう)

訓 ―

□ 예문 연습

* 各党は(せいさく)や公約を発表する。 □□
  각당은 정책과 공약을 발표한다.
* 問題をどのようにするか(対策)をたてた。 □□□□
  문제를 어떻게 할지 대책을 세웠다.
* 失策(실책) □□□□　　* 策動(책동) □□□□

98

山 뫼 산(さん)

音 ① 〔さん〕 山脈(さん みゃく)
　② 〔ざん〕 登山(と ざん)　　氷山(ひょう ざん)
訓 〔やま〕 山が高い。　산이 높다.

□ 예문 연습

* 夏休みに(とざん)するつもりです。　□□
　여름 휴가 때 등산할 생각입니다.
* (山脈)が長く並んでいる。　□□□□□
　산맥이 길게 늘어져 있다.
* 氷山(빙산) □□□□□

参 (參) 참여할 참(さん)

音 〔さん〕 参加(さん か)　　参考(さん こう)
　　　　　参列(さん れつ)　　参照(さん しょう)
訓 〔まいる〕 あした参ります。　내일 가겠습니다.

□ 예문 연습

* 今日の会はみんな(さんか)した。　□□
　오늘 모임은 모두 참가했다.
* わからないところは(参考)書を見る。　□□□□
　모르는 곳은 참고서를 본다.
* 参列(참렬) □□□□　　* 参照(참조) □□□□□

産 (產) 낳을 산(さん)

音〔さん〕 生産(せい さん)　　産業(さん ぎょう)
　　　　　財産(ざい さん)　　産地(さん ち)
訓〔うむ〕 ねこが子を産む。　고양이가 새끼를 낳다.

□ 예문 연습

* 地震のあと、工場は(せいさん)を再開した。　□□
  지진 후 공장은 생산을 재개했다.
* このみかんの(産地)はどこですか。　□□□
  이 귤의 산지는 어디입니까?
* 産業(산업) □□□□□　　* 財産(재산) □□□□

算 셈할 산(さん)

音〔さん〕 予算(よ さん)　　　計算(けい さん)
　　　　　決算(けっ さん)　　算数(さん すう)
訓 ―

□ 예문 연습

* ふつうの会社は3月に(けっさん)する。　□□
  보통 회사는 3월에 결산한다.
* 国の(予算)は年ごとに大きくなる。　□□□
  나라의 예산은 해마다 커진다.
* 計算(계산) □□□□　　* 算数(산수) □□□□

残 (殘) 남을 잔(ざん)

音〔ざん〕残業(ざん ぎょう)　　残高(ざん だか)
　　　　　残暑(ざん しょ)　　　残念(ざん ねん)
訓〔のこる〕きずあとが残る。 흉터가 남다.

□ 예문 연습

* 今月は支出が多くて、あまり(ざんだか)がない。　□□
  이번달은 지출이 많아서 그다지 잔고가 없다.
* 試験に失敗してしまって(残念)だ。　□□□□
  시험에 실패해서 유감이다.
* 残業(잔업) □□□□□　　* 残暑(잔서) □□□□

士 선비 사(し)

音〔し〕紳士(しん し)　　運転士(うん てん し)
　　　　武士(ぶ し)　　　弁護士(べん ご し)
訓 ―

□ 예문 연습

* わたしの父は(べんごし)です。　□□□
  우리 아버지는 변호사입니다.
* このバスは(運転士)しかいないバスだ。　□□□□□
  이 버스는 운전사밖에 없는 버스다.
* 紳士(신사) □□□　　* 武士(무사) □□

子 아들 자(し)

音〔し〕 女子(じょ し)　　男子(だん し)
　　　　電子(でん し)　　原子(げん し)
訓〔こ〕 お子さんがかわいいですね。　아드님이 귀엽군요.

☐ **예문 연습**

* 運動は(だんし)と女子はべつべつにする。　☐☐
  운동은 남자와 여자는 따로따로 한다..
* (電子)時計は時間が正確でいい。　☐☐☐
  전자시계는 시간이 정확해서 좋다.
* 女子(여자) ☐☐☐　　* 原子(원자) ☐☐☐

支 지탱할 지(し)

音〔し〕 支持(し じ)　　　支店(し てん)
　　　　収支(しゅう し)　　支配(し はい)
訓〔ささえる〕 くらしを支える。　생계를 지탱하다.

☐ **예문 연습**

* 東京銀行の(してん)はここにはない。　☐☐
  동경은행의 지점은 여기에는 없다.
* 国民に(支持)される政党がない。　☐☐
  국민에게 지지받는 정당이 없다.
* 収支(수지) ☐☐☐☐　　* 支配(지배) ☐☐☐

止　그칠 지(し)

音〔し〕禁止(きんし)　防止(ぼうし)
　　　　停止(ていし)　中止(ちゅうし)
訓〔とまる〕車が止まっている。　차가 멈춰있다.

□ 예문 연습

* 工事のため、この道は通行(きんし)だ。　□□
　공사때문에 이 길은 통행금지다.
* 料金を仏わないと電話の通話が(停止)される。　□□□
　요금을 지불하지 않으면 전화 통화가 정지된다.
* 防止(방지) □□□　　* 中止(중지) □□□□

仕　벼슬 사(し)

音〔し〕仕事(しごと)　奉仕(ほうし)
　　　　仕組(しくみ)　＊給仕(きゅうじ)
訓〔つかえる〕神に仕える。　신을 섬기다.

□ 예문 연습

* あしたは休みなので(しごと)がない。　□□
　내일은 휴일이니까 일이 없다.
* 世の中の(仕組)は複雑だ。　□□□
　세상의 짜임새는 복잡하다.
* 奉仕(봉사) □□□　　* 給仕(급사) □□□□

市　저자 시(し)

音〔し〕都市(と し)　　市場(し じょう)
　　　　市民(し みん)　　市街(し がい)

訓〔いち〕ここは魚市場だ。　여기는 어시장이다.

☐ 예문 연습

* (と し)に人口が集中する。　☐☐
  도시에 인구가 집중한다.
* 海外の(市場)ははげしい競争をしている。　☐☐☐☐
  해외시장은 심한 경쟁을 하고 있다.
* 市民(시민)　☐☐☐　　* 市街(시가)　☐☐☐

死　죽을 사(し)

音〔し〕死亡(し ぼう)　　死者(し しゃ)
　　　　病死(びょう し)　　必死(ひっ し)

訓〔しぬ〕病気で死ぬ。　병으로 죽다.

☐ 예문 연습

* 友だちのお父さんは一年前に(びょうし)した。　☐☐
  친구 아버지는 1년전에 병사했다.
* 安全ベルトをしめると(死亡)事故は少なくなる。　☐☐☐
  안전벨트를 메면 사망사고는 적어진다.
* 死者(사자)　☐☐☐　　* 必死(필사)　☐☐☐

私

사사로울 사(し)

- 音〔し〕 公私(こう し)　私立(し りつ)
　　　　私見(し けん)　私有(し ゆう)
- 訓〔わたくし〕 私がやります。　제가 하겠습니다.

□ 예문 연습

* (こうし)の区別をつけなければならない。　□□
　공사 구별을 해야 한다.
* 先ほど申しあげたのは(私見)です。　□□□
　아까 말씀드린 것은 사견입니다.
* 私立(사립) □□□　　* 私有(사유) □□□

使

하여금 사(し)

- 音〔し〕 大使(たい し)　使用(し よう)
　　　　使節(し せつ)　使命(し めい)
- 訓〔つかう〕 カードを使う。　카드를 사용하다.

□ 예문 연습

* 金さんは会社の重要な(しめい)をはたす。　□□
　김씨는 회사의 중요한 사명을 다하다.
* (大使)主催のパーティーに招待された。　□□□
　대사 주최의 파티에 초대받았다.
* 使用(사용) □□□　　* 使節(사절) □□□

始 비로소 시(し)

- 音 〔し〕 開始(かい し)　　年始(ねん し)
　　　　　創始(そう し)　　始末(し まつ)
- 訓 〔はじまる〕 九時に始まる。　9시에 시작된다.

□ 예문 연습

* きょうの試験は九時に(かいし)します。　□□
  오늘 시험은 9시에 개시합니다.
* 金さんはこの会社の(創始)者である。　□□□
  김씨는 이 회사의 창시자이다.
* 年始(연시) □□□　　* 始末(시말) □□□

思 생각 사(し)

- 音 〔し〕 思想(し そう)　　思慕(し ぼ)
　　　　　思考(し こう)　　意思(い し)
- 訓 〔おもう〕 そう思います。　그렇게 생각합니다.

□ 예문 연습

* かれに会って新しい(しそう)にふれた。　□□
  그를 만나서 새로운 사상을 접했다.
* (思考)方式がまったく違う。　□□□
  사고방식이 완전히 다르다.
* 思慕(사모) □□　　* 意思(의사) □□

指 　손가락 지(し)

音〔し〕 指導(しどう)　　指定(してい)
　　　　指揮(しき)　　　指示(しじ)

訓〔ゆび〕 指を指す。 손가락질하다.

□ 예문 연습

* リポートは(してい)した用紙に書くこと。 □□
  리포트는 지정된 용지에 쓸 것.
* 李さんはりっぱな(指揮)者である。 □□
  이씨는 훌륭한 지휘자이다.
* 指導(지도) □□□　　* 指示(지시) □□

施 　베풀 시(し)

音〔し〕 実施(じっし)　　施設(しせつ)
　　　　施行(しこう)　　施政(しせい)

訓〔ほどこす〕 人にお金を施す。 남에게 돈을 베풀다.

□ 예문 연습

* 試験は来週金曜日に(じっし)します。 □□
  시험은 다음주 금요일에 실시합니다.
* ここはまだ公共の(施設)が足りない。 □□□
  여기는 아직 공공시설이 부족하다.
* 施行(시행) □□□　　* 施政(시정) □□□

師 　 스승 사(し)

音〔し〕教師(きょうし)　　医師(いし)
　　　恩師(おんし)　　師弟(してい)
訓 ―

□ 예문 연습

* 病院で(いし)の手当てを受けた。　□□
　병원에서 의사의 치료를 받았다.
* この学校には国語の(教師)が三人いる。　□□□□
　이 학교에는 국어교사가 세 사람 있다.
* 恩師(은사) □□□　　* 師弟(사제) □□□

紙 　 종이 지(し)

音〔し〕新聞紙(しんぶんし)　　用紙(ようし)
　　　機関紙(きかんし)　　紙面(しめん)
訓〔かみ〕紙に字を書く。 종이에 글씨를 쓰다.

□ 예문 연습

* この雑誌は社会党の(きかんし)だ。　□□□
　이 잡지는 사회당의 기관지이다.
* 商品を(新聞紙)でつつむ。　□□□□□
　상품을 신문지로 싸다.
* 用紙(용지) □□□　　* 紙面(지면) □□□

視 (視) 볼 시(し)

音〔し〕視察(し さつ)　視力(し りょく)
　　　　無視(む し)　　警視庁(けい し ちょう)
訓 ―

□ 예문 연습

* 年(とし)をとると(しりょく)がおとろえる。□□
  나이를 먹으면 시력이 떨어진다.
* (警視庁(けいしちょう))は国会のそばにある。□□□□□□
  경시청은 국회 옆에 있다.
* 視察(시찰) □□□　　* 無視(무시) □□

試 시험 할 시(し)

音〔し〕試験(し けん)　試合(し あい)
　　　　試案(し あん)　試運転(し うん てん)
訓〔ためす〕実力(じつりょく)を試す。　실력을 시험하다.

□ 예문 연습

* 会社(かいしゃ)の入社(にゅうしゃ)(しけん)が始(はじ)まった。□□
  회사의 입사시험이 시작되었다.
* 相手(あいて)のチームと野球(やきゅう)(試合)がある。□□□
  상대팀과 야구시합이 있다.
* 試案(시안) □□□　　* 試運転(시운전) □□□□□

資　재물 자(し)

- 音〔し〕資本(しほん)　資金(しきん)
  　　　資料(しりょう)　投資(とうし)
- 訓 —

□ 예문 연습

* 父とおじが(とうし)して新しい会社を作った。□□
  아버지와 아저씨가 투자해서 새로운 회사를 만들었다.
* 論文を書くために(資料)を集めている。□□□□
  논문을 쓰기 위해 자료를 모으고 있다.
* 資本(자본) □□□　　* 資金(자금) □□□

示　보일 시(じ)

- 音〔じ〕指示(しじ)　明示(めいじ)
  　　　暗示(あんじ)　*示唆(しさ)
- 訓〔しめす〕方向を示す。　방향을 가리키다.

□ 예문 연습

* 答えは(しじ)された所に書いてください。□□
  답은 지시된 곳에 쓰세요.
* (示唆)は「しさ」と「じさ」両方とも読む。□□
  시사는 「しさ」와 「じさ」양쪽 모두 읽는다.
* 明示(명시) □□□　　* 暗示(암시) □□□

次　버금 차(じ)

音〔じ〕目次(もくじ)　　次官(じかん)
　　　次男(じなん)　＊次第(しだい)
訓〔つぎ〕次の文を読みなさい。 다음 글을 읽으시오.

□ 예문 연습

＊ 政務(じかん)は田中氏です。　□□
　정무차관은 다나까 씨입니다.
＊ 式の(次第)によってやります。　□□□
　식순에 의해서 하겠습니다.
＊ 目次(목차) □□□　　＊ 次男(차남) □□□

自　스스로 자(じ)

音〔じ〕自由(じゆう)　　自動(じどう)
　　　自身(じしん)　＊自然(しぜん)
訓〔みずから〕自らの意志。 스스로의 의지.

□ 예문 연습

＊ 日本では思想や言論は(じゆう)である。　□□
　일본에서는 사상과 언론은 자유이다.
＊ 公害のため(自然)が破壊されている。　□□□
　공해때문에 자연이 파괴되고 있다.
＊ 自動(자동) □□□　　＊ 自信(자신) □□□

事　일 사(じ)

音 〔じ〕 事件(じけん)　事故(じこ)
　　　　理事(りじ)　事務(じむ)
訓 〔こと〕 そんな事はするな。 그런 일은 하지 마라.

□ 예문 연습

* 友人が交通(事故)で死んだ。 □□
  친구가 교통사고로 죽었다.
* この学校の(理事)は理事会で決める。 □□
  이 학교의 이사는 이사회에서 정한다.
* 事件(사건) □□□　* 事務(사무) □□

治　다스릴 치(じ)

音 ① 〔じ〕 政治(せいじ)　明治(めいじ)
　② 〔ち〕 自治(じち)　治安(ちあん)
訓 ① 〔おさめる〕 世の中を治める。 세상을 다스리다.
　② 〔なおる〕 病気が治る。 병이 낫다.

□ 예문 연습

* 政党による(せいじ)が行われている。 □□
  정당에 의한 정치가 행해지고 있다.
* (治安)維持のために努力する。 □□□
  치안유지를 위해 노력하다.
* 明治(명치) □□□　* 治安(치안) □□□

持

가질 지(じ)

- 音〔じ〕支持(し じ)　維持(い じ)
　　　　持参(じ さん)　持続(じ ぞく)
- 訓〔もつ〕かばんを持つ。　가방을 들다.

☐ 예문 연습

* 弁当(べんとう)は各自(かくじ)(じさん)すること。　☐☐
　도시락은 각자 지참할 것.
* 健康(けんこう)の(維持)のため、毎朝運動(まいあさうんどう)する。　☐☐
　건강유지를 위해 매일 아침 운동한다.
* 支持(지지)　☐☐　* 持続(지속)　☐☐☐

時

때 시(じ)

- 音〔じ〕時間(じ かん)　時代(じ だい)
　　　　当時(とう じ)　*時計(と けい)
- 訓〔とき〕時をかせぐ。　시간을 벌다.

☐ 예문 연습

* 一日(いちにち)は二十四(にじゅうよ)(じかん)です。　☐☐
　하루는 24시간입니다.
* (当時)韓国(かんこく)では自動車(じどうしゃ)が少(すく)なかった。　☐☐☐
　당시 한국에는 자동차가 적었다.
* 時代(시대)　☐☐☐　* 時計(시계)　☐☐☐

式   법 식(しき)

音〔しき〕株式(かぶ しき)   正式(せい しき)
　　　　方式(ほう しき)   形式(けい しき)
訓 ―

□ 예문 연습

* わたしの会社(かいしゃ)は(かぶしき)会社(がいしゃ)だ。 □□
  우리 회사는 주식회사이다.
* 葬式(そうしき)には黒(くろ)い服装(ふくそう)をするのが(正式)だ。 □□□□
  장례식에는 검은 복장을 하는 것이 정식이다.
* 方式(방식) □□□□   * 形式(형식) □□□□

室   집 실(しつ)

音〔しつ〕教室(きょう しつ)   温室(おん しつ)
　　　　地下室(ち か しつ)   室内(しつ ない)
訓〔むろ〕氷室(ひむろ)にこおりがある。 빙실에 얼음이 있다.

□ 예문 연습

* わたしはあの(きょうしつ)で勉強(べんきょう)します。 □□
  저는 저 교실에서 공부합니다.
* (地下室)はなんだかこわい感(かん)がする。 □□□□
  지하실은 왠지 무서운 느낌이 든다.
* 温室(온실) □□□□   * 室内(실내) □□□□

失

잃을 실(しつ)

音 〔しつ〕 失望(しつ ぼう)　　失業(しつ ぎょう)
　　　　　紛失(ふん しつ)　　＊失敗(しっ ぱい)
訓 〔うしなう〕 すがたを失う。 모습을 잃다.

□ 예문 연습

* 会社が倒産して、父は(しつぎょう)した。 □□
　회사가 도산하여 아버지는 직장을 잃었다.
* まだ(失望)するには早いです。 □□□□
　아직 실망하기에는 빠릅니다.
* 紛失(분실) □□□□　　＊ 失敗(실패) □□□□

質

바탕 질(しつ)

音 〔しつ〕 質問(しつ もん)　　品質(ひん しつ)
　　　　　体質(たい しつ)　　＊言質(げん ち)
訓 ―

□ 예문 연습

* 先生に(しつもん)されたが、答えられなかった。 □□
　선생님께 질문받았지만 대답하지 못했다.
* このたばこは(品質)が悪いので、まずい。 □□□□
　이 담배는 품질이 나빠서 맛없다.
* 体質(체질) □□□□　　＊ 言質(언질) □□□

実 (實) 열매 실(じつ)

音 〔じつ〕 事実(じ じつ)　　現実(げん じつ)
　　　　　実用(じつ よう)　　確実(かく じつ)
訓 〔みのる〕 努力(どりょく)が実る。 노력이 열매맺다.

□ 예문 연습

* それは夢(ゆめ)です。(げんじつ)ではありません。 □□
  그건 꿈입니다. 현실이 아닙니다.
* その件(けん)は(事実)とはまったく違(ちが)う。 □□□
  그 건은 사실과는 완전히 다르다.
* 実用(실용) □□□□　　* 確実(확실) □□□□

写 (寫) 베낄 사(しゃ)

音 〔しゃ〕 写真(しゃ しん)　　写実(しゃ じつ)
　　　　　複写(ふく しゃ)　　描写(びょう しゃ)
訓 〔うつす〕 写真(しゃしん)を写す。 사진을 찍다.

□ 예문 연습

* 結婚記念(けっこんきねん)(しゃしん)を撮(と)らなかった。 □□
  결혼기념사진을 찍지 않았다.
* これを一枚(いちまい)(複写)してください。 □□□□
  이걸 한 장 복사해 주세요.
* 写実(사실) □□□□　　* 描写(묘사) □□□□□

社 (社) 모일 사(しゃ)

音〔しゃ〕社会(しゃ かい)　　会社(かい しゃ)
　　　　社長(しゃ ちょう)　　本社(ほん しゃ)

訓 ー

□ 예문 연습

* 早く学校を卒業して(しゃかい)に出て働きたい。　□□
  빨리 졸업을 하여 사회에 나가 일하고 싶다.
* 小さい会社でも(社長)は社長だ。　□□□□□
  작은 회사라도 사장은 사장이다.
* 会社(회사) □□□□　　* 本社(본사) □□□□

車 수레 차, 거(しゃ)

音〔しゃ〕下車(げ しゃ)　　電車(でん しゃ)
　　　　列車(れっ しゃ)　　車道(しゃ どう)

訓〔くるま〕車が止まる。　차가 멈추다.

□ 예문 연습

* 毎日、会社まで(でんしゃ)で行きます。　□□
  매일 아침 회사까지 전차로 갑니다.
* (下車)駅は駅員に聞いてください。　□□□
  하차역은 역원에게 물으십시오.
* 列車(열차) □□□□　　* 車道(차도) □□□□

者 (者) 놈 자(しゃ)

音〔しゃ〕 記者(き しゃ)　　学者(がく しゃ)
　　　　 読者(どく しゃ)　 医者(い しゃ)
訓〔もの〕 私は金という者です。저는 김이라는 사람입니다.

□ 예문 연습

* 事件が起ったら、すぐ(きしゃ)が取材に来た。 □□
  사건이 일어나면 곧장 기자가 취재하러 온다.
* 大きくなって(医者)になりたい。 □□□
  커서 의사가 되고 싶다.
* 学者(학자) □□□□　* 読者(독자) □□□□

手　손 수(しゅ)

音〔しゅ〕 選手(せん しゅ)　 手段(しゅ だん)
　　　　 投手(とう しゅ)　 手法(しゅ ほう)
訓〔て〕 手をあげる。 손을 들다.

□ 예문 연습

* オリンピックの(せんしゅ)として出張する。 □□
  올림픽선수로서 출전한다.
* あのチームは(投手)がいいから勝つだろう。 □□□□
  저 팀은 투수가 좋으니까 이길 것이다.
* 手段(수단) □□□□　* 手法(수법) □□□□

主　주인 주(しゅ)

- 音〔しゅ〕主義(しゅ ぎ)　　主張(しゅ ちょう)
  　　　　民主(みん しゅ)　　主催(しゅ さい)
- 訓〔ぬし〕かれは村の地主(むら じぬし)だ。　그는 마을의 지주다.

□ 예문 연습

* 民主(しゅぎ)というのは国民(こくみん)が主人(しゅじん)だ。　□□
　민주주의란 국민이 주인이다.
* 金さんは自分(じぶん)の(主張)をはっきり言(い)った。　□□□□□
　김씨는 자신의 주장을 분명히 말했다.
* 民主(민주)　□□□□　　* 主催(주최)　□□□□

首　머리 수(しゅ)

- 音〔しゅ〕首相(しゅ しょう)　　首脳(しゅ のう)
  　　　　部首(ぶ しゅ)　　　自首(じ しゅ)
- 訓〔くび〕首を切(き)る。　목을 치다.

□ 예문 연습

* (しゅしょう)は政治(せいじ)の最高責任者(さいこうせきにんしゃ)だ。　□□
　수상은 정치의 최고 책임자이다.
* (首脳)会談(かいだん)があすから始(はじ)まる。　□□□□
　수뇌회담이 내일부터 시작된다.
* 部首(부수)　□□□　　* 自首(자수)　□□□

株　그루 주(しゅ)

- 音〔しゅ〕守株(しゅ しゅ)
- 訓〔かぶ〕株式(かぶ しき)　株価(かぶ か)
　　　　　株主(かぶ ねし)　株券(かぶ けん)

□ 예문 연습

* (かぶか)は毎日上がったり下がったりする。□□
  주가는 매일 오르내린다.
* (株主)は利益によって配当金がもらえる。□□□□
  주주는 이익에 따라 배당금을 받을 수 있다.
* 株式(주식) □□□□　　* 株券(주권) □□□□

種　씨 종(しゅ)

- 音〔しゅ〕各種(かく しゅ)　種類(しゅ るい)
　　　　　種族(しゅ ぞく)　人種(じん しゅ)
- 訓〔たね〕種をまく。씨를 뿌리다.

□ 예문 연습

* グラウンドで(かくしゅ)の競技が行われている。□□
  그라운드에서 각종 경기가 행해지고 있다.
* これを(種類)別に分けてください。□□□□
  이걸 종류별로 나누어 주십시오.
* 種族(종족) □□□□　　* 人種(인종) □□□□

 받을 수(じゅ)

音〔じゅ〕受験(じゅ けん)　受賞(じゅ しょう)
　　　　受信(じゅ しん)　伝受(でん じゅ)
訓〔うける〕賞を受ける。　상을 받다.

□ 예문 연습

* 弟は大学(じゅけん)のためにソウルへ行った。□□
　동생은 대학수험 때문에 서울에 갔다.
* ノーベル賞を(受賞)した人がいない。□□□□□
　노벨상을 수상한 사람이 없다.
* 受信(수신) □□□□　* 伝受(전수) □□□□

収 (收) 거둘 수(しゅう)

音〔しゅう〕収用(しゅう よう)　収録(しゅう ろく)
　　　　　収入(しゅう にゅう)　収集(しゅう しゅう)
訓〔おさめる〕宣伝の効果を収める。　선전효과를 거두다.

□ 예문 연습

* けがをした人たちは病院に(しゅうよう)された。□□
　부상을 입은 사람들은 병원에 수용되었다.
* 今日の講演をテープに(収録)した。□□□□□
　오늘 강연을 테이프에 수록했다.
* 収入(수입) □□□□□□　* 収集(수집) □□□□□□

終　마칠 종(しゅう)

音〔しゅう〕最終(さい しゅう)　終了(しゅう りょう)
　　　　　　終電(しゅう でん)　終始(しゅう し)
訓〔おわる〕無事に終わる。 무사히 끝나다.

□ 예문 연습

* 今日で今年の授業は(しゅうりょう)した。 □□
　오늘로써 올해 수업은 종료했다.

* (終始)一貫する。 □□□□
　시종일관하다.

* 最終(최종) □□□□□　　* 終電(종전) □□□□□

週　주일 주(しゅう)

音〔しゅう〕毎週(まい しゅう)　週間(しゅう かん)
　　　　　　週刊(しゅう かん)　週末(しゅう まつ)
訓 ―

□ 예문 연습

* 日曜日には(まいしゅう)教会へ行く。 □□
　일요일에는 매주 교회에 간다.

* (週刊)誌を買って電車の中で読む。 □□□□□
　주간지를 사서 전차안에서 읽다.

* 週間(주간) □□□□□　　* 週末(주말) □□□□□

　　모일 집(しゅう)

音〔しゅう〕特集(とく しゅう)　　編集(へん しゅう)
　　　　　　募集(ぼ しゅう)　　　集団(しゅう だん)
訓〔あつめる〕切手を集める。　우표를 모으다.

□ 예문 연습

* いろいろの雑誌が海や山の(とくしゅう)する。　□□
　여러 잡지가 바다와 산의 특집을 한다.
* 集めた原稿を(編集)して本にした。　□□□□□
　모은 원고를 편집하여 책으로 만들었다.
* 募集(모집) □□□□　　* 集団(집단) □□□□□

　살 주(じゅう)

音〔じゅう〕住宅(じゅう たく)　　住所(じゅう しょ)
　　　　　　住民(じゅう みん)　　住人(じゅう にん)
訓〔すむ〕いなかに住む。　시골에 살다.

□ 예문 연습

* ソウルでは(じゅうたく)が不足している。　□□
　서울에서는 주택이 부족하다.
* この用紙に(住所)を書いてください。　□□□□□
　이 용지에 주소를 써 주세요.
* 住民(주민) □□□□□　　* 住人(주인) □□□□□

重 　무거울 중(じゅう)

- 音 〔じゅう〕 重要(じゅう よう)　重点(じゅう てん)
  　　　　　　重大(じゅう だい)　重役(じゅう やく)
- 訓 〔おもい〕 足どりが重い。 발걸음이 무겁다.

□ 예문 연습

* (じゅうよう)な会だから、欠席しないでください。 □□
  중요한 모임이니까 결석하지 마세요.
* 父は会社の(重役)になった。 □□□□□
  아버지는 회사의 중역이 되었다.
* 重点(중점) □□□□□　　* 重大(중대) □□□□□

宿 　잘 숙(しゅく)

- 音 〔しゅく〕 宿題(しゅく だい)　宿泊(しゅく はく)
  　　　　　　宿舎(しゅく しゃ)　下宿(げ しゅく)
- 訓 〔やど〕 宿にとまる。 여관에 머물다.

□ 예문 연습

* 金さんは空港から(しゅくしゃ)に行きました。 □□
  김씨는 공항에서 숙소로 갔습니다.
* きょうまで(宿題)をしなければいけない。 □□□□□
  오늘까지 숙제를 해야 한다.
* 宿泊(숙박) □□□□□　　* 下宿(하숙) □□□□

出 　날 출(しゅつ)

音〔しゅつ〕輸出(ゆ しゅつ)　　提出(てい しゅつ)
　　　　　出演(しゅつ えん)　＊出血(しゅっ けつ)
訓〔でる〕へやから出る。　방에서 나오다.

□ 예문 연습

＊ アメリカは農産物(のうさんぶつ)をたくさん(ゆしゅつ)している。　□□
　　미국은 농산물은 많이 수출하고 있다.

＊ あしたまでにリポートを(提出)しなさい。　□□□□□
　　내일까지 리포트를 제출해주시오.

＊ 出演(출연) □□□□□　　＊ 出血(출혈) □□□□□

術 （術）재주 술(じゅつ)

音〔じゅつ〕芸術(げい じゅつ)　　技術(ぎ じゅつ)
　　　　　美術(び じゅつ)　　　手術(しゅ じゅつ)
訓 ―

□ 예문 연습

＊ 日本(にほん)は電子(でんし)の(ぎじゅつ)が進(すす)んでいる。　□□
　　일본은 전자기술이 진보되어 있다.

＊ 文学(ぶんがく)・音楽(おんがく)・絵画(かいが)などは(芸術)です。　□□□□□
　　문학・음악・회화 등은 예술입니다.

＊ 手術(수술) □□□□□　　＊ 美術(미술) □□□□

春 봄 춘(しゅん)

- 音〔しゅん〕青春(せい しゅん)　新春(しん しゅん)
　　　　　春分(しゅん ぶん)　春秋(しゅん じゅう)
- 訓〔はる〕春に花(はな)がさく。 봄에 꽃이 핀다.

□ 예문 연습

* ここは(せいしゅん)のエネルギーがあふれている。 □□
  여기는 청춘의 열기가 넘친다.
* 文芸(ぶんげい)(春秋)という雑誌(ざっし)がある。 □□□□□
  문예춘추라는 잡지가 있다.
* 新春(신춘) □□□□□　* 春分(춘분) □□□□□

初 처음 초(しょ)

- 音〔しょ〕最初(さい しょ)　初日(しょ にち)
- 訓〔はつ〕初雪(はつ ゆき)　初耳(はつ みみ)

□ 예문 연습

* (さいしょ)からやり直(なお)してください。 □□
  처음부터 다시 하십시오.
* それは(初耳)ですね。 □□□□
  그건 처음 듣는데요.
* 初日(첫날) □□□□　* 初雪(첫눈) □□□□

所 바 소(しょ)

音〔しょ〕場所(ば しょ)　　住所(じゅう しょ)
　　　　所得(しょ とく)　　長所(ちょう しょ)
訓〔ところ〕いい所に住む。 좋은 곳에 살다.

□ 예문 연습

* この(ばしょ)からは景色がよく見えない。 □□
  이 장소에서는 경치가 잘 보이지 않는다.
* すべての物には(長所)と短所がある。 □□□□□
  모든 것에는 장점과 단점이 있다.
* 住所(주소) □□□□□　　* 所得(소득) □□□□

書 글 서(しょ)

音〔しょ〕書記(しょ き)　　書類(しょ るい)
　　　　投書(とう しょ)　　読書(どく しょ)
訓〔かく〕字を書く。 글씨를 쓰다.

□ 예문 연습

* (しょき)は会議で記録する人です。□□
  서기는 회의에서 기록하는 사람입니다.
* 入社するにはどんな(書類)が必要ですか。 □□□□
  입사하려면 어떤 서류가 필요합니까?
* 投書(투서) □□□□　　* 読書(독서) □□□□

署

(署) 관청 서(しょ)

音 〔しょ〕 署名(しょ めい)　　警察署(けい さつ しょ)
　　　　　 本署(ほん しょ)　　 署長(しょ ちょう)

訓 ―

☐ 예문 연습

* この書類に(しょめい)してください。　☐☐
  이 서류에 서명하십시오.
* どろぼうは(警察署)に連行された。　☐☐☐☐☐
  도둑은 경찰서에 연행되었다.
* 本署(본서) ☐☐☐☐　　* 署長(서장) ☐☐☐☐☐

女

계집 녀(じょ)

音 〔じょ〕 女性(じょ せい)　　 女子(じょ し)
　　　　　 彼女(かの じょ)　 *女房(にょう ぼう)

訓 〔おんな〕 あの女はだれですか。 저 여자는 누굽니까?

☐ 예문 연습

* 小学校の先生は(じょせい)の方が多い。　☐☐
  국민학교는 선생님은 여성분이 많다.
* サッカーはあまり(女子)はやらないスポーツだ。　☐☐☐
  축구는 그다지 여자는 하지 않는 스포츠다.
* 彼女 ☐☐☐☐　　* 女房 ☐☐☐☐☐

 도울 조(じょ)

音 〔じょ〕 援助(えん じょ)　　助手(じょ しゅ)
　　　　　助言(じょ げん)　　助役(じょ やく)
訓 〔たすける〕 しごとを助ける。 일을 돕다.

□ 예문 연습

* 研究室の(じょしゅ)になる。 □□
  연구실의 조교가 되다.
* 日本はアメリカの(援助)で発展しはじめた。 □□□□
  일본은 미국의 원조로 발전하기 시작했다.
* 助言(조언) □□□□　　* 助役(조역) □□□□

小　작을 소(しょう)

音 〔しょう〕 小説(しょうせつ)　　小学校(しょうがっこう)
　　　　　中小(ちゅうしょう)　弱小(じゃくしょう)
訓 〔ちいさい〕 小さい声でいう。 작은 목소리로 말하다.

□ 예문 연습

* 「戦争と平和」はいい(しょうせつ)だ。 □□
  「전쟁과 평화」는 좋은 소설이다.
* 日本の(小学校)は義務教育だ。 □□□□□□□
  일본의 국민학교는 의무교육이다.
* 中小(중소) □□□□□□　　* 弱小(약소) □□□□□□

 젊을 소, 적을 소(しょう)

音 〔しょう〕 少年(しょう ねん)　　多少(た しょう)
　　　　　　青少年(せいしょうねん)　減少(げんしょう)

訓 〔すくない〕 量が少ない。 양이 적다.

□ 예문 연습

* (しょうねん)よ大志をいだけ。　□□
  소년이여 대지를 품어라.
* (青少年)は次の時代を作る人たちだ。　□□□□□□□
  청소년은 다음 시대를 만드는 사람들이다.
* 多少(다소) □□□□　　* 減少(감소) □□□□□

消 (消) 끌 소(しょう)

音 〔しょう〕 消費(しょう ひ)　　消防(しょう ぼう)
　　　　　　消化(しょう か)　　解消(かい しょう)

訓 〔けす〕 電気を消す。 전기를 끄다.

□ 예문 연습

* 夏になると、水の(しょうひ)が多くなる。　□□
  여름이 되면 물의 소비가 많아진다.
* 赤ちゃんには(消化)不良になりやすい。　□□□□
  아이는 소화불량이 되기 쉽다.
* 消防(소방) □□□□□　　* 解消(해소) □□□□□

장사 장(しょう)

音 〔しょう〕商品(しょう ひん)　商店(しょう てん)
　　　　　　商業(しょう ぎょう)　商売(しょう ばい)
訓 〔あきなう〕民芸品を商う。　민예품을 장사하다.

□ 예문 연습

* 駅の前には(しょうてん)がたくさんある。　□□
　역 앞에는 상점이 많이 있다.
* 父は(商売)をしています。　□□□□□
　아버지는 장사를 하고 있습니다.
* 商品(상품) □□□□□　* 商業(상업) □□□□□□

勝　이길 승(しょう)

音 〔しょう〕優勝(ゆう しょう)　決勝(けっ しょう)
　　　　　　勝負(しょう ぶ)　勝利(しょう り)
訓 〔かつ〕試合に勝つ。　시합을 이기다.

□ 예문 연습

* 試合はなかなか(しょうぶ)がつかない。　□□
　시합은 좀처럼 승부가 나지 않는다.
* 大会で(優勝)して金メダルをもらった。　□□□□□
　대회에서 우승하여 금메달을 받았다.
* 決勝(결승) □□□□□　* 勝利(승리) □□□□

証 (證) 증거 증(しょう)

音〔しょう〕証券(しょう けん)　証拠(しょう こ)
　　　　　保証(ほ しょう)　証人(しょう にん)
訓 ―

□ 예문 연습

* わたしの会社(かいしゃ)は(しょうけん)会社(がいしゃ)だ。□□
  우리 회사는 증권회사이다.
* 金さんは裁判(さいばん)の(証人)になった。□□□□□
  김씨는 재판의 증인이 되었다.
* 証拠(증거) □□□□　* 保証(보증) □□□□

賞 상품 상(しょう)

音〔しょう〕受賞(じゅ しょう)　入賞(にゅう しょう)
　　　　　賞状(しょう じょう)　鑑賞(かん しょう)
訓 ―

□ 예문 연습

* 李さんは絵画展(かいがてん)で(にゅうしょう)した。□□
  이씨는 회화전에서 입상했다.
* 今年(ことし)の(受賞)者(しゃ)はひとりもいない。□□□□□□
  금년 수상자는 한사람도 없다.
* 賞状(상장) □□□□□□　* 鑑賞(감상) □□□□□

上 윗 상(じょう)

音〔じょう〕以上(いじょう)　上昇(じょうしょう)
　　　　　海上(かいじょう)　上品(じょうひん)
訓〔うえ〕本はたなの上にある。 책은 선반 위에 있다.

□ 예문 연습

* (じょうひん)な人と下品(げひん)な人。 □□
  품위있는 사람과 품위없는 사람.
* 物価(ぶっか)が(上昇)したので生活(せいかつ)がくるしい。 □□□□□□
  물가가 상승하여 생활이 힘들다.
* 以上(이상) □□□□　* 海上(해상) □□□□□

条 (條) 조목 조(じょう)

音〔じょう〕条約(じょうやく)　条件(じょうけん)
　　　　　条文(じょうぶん)　信条(しんじょう)
訓 ―

□ 예문 연습

* 日本(にほん)はロシアと漁業(ぎょぎょう)(じょうやく)をむすんだ。 □□
  일본은 러시아와 어업조약을 맺었다.
* わたしが言(い)う(条件)と合(あ)わない。 □□□□□
  내가 말한 조건과 맞지 않다.
* 条文(조문) □□□□□　* 信条(신조) □□□□□

状 문서 장, 모양 상(じょう)

音 〔じょう〕 状態(じょう たい)　現状(げん じょう)
　　　　　　状況(じょう きょう)　書状(しょ じょう)
訓 ―

□ 예문 연습

* 台風の被害の(じょうきょう)をテレビで見た。□□
  태풍피해의 상황을 텔레비전으로 보았다.
* 戦争(状態)が今も続いている。□□□□□
  전쟁 상태가 지금도 계속되고 있다.
* 現状(현상) □□□□□　　* 書状(서장) □□□□□

乗 (乘) 탈 승(じょう)

音 〔じょう〕 乗用(じょう よう)　乗車(じょう しゃ)
　　　　　　搭乗(とう じょう)　乗客(じょう かく)
訓 〔のる〕 バスに乗る。 버스를 타다.

□ 예문 연습

* 列車に乗るために(じょうしゃ)券を買う。□□
  열차를 타기 위해서 승차권을 사다.
* (搭乗)時間を教えてください。□□□□□
  탑승시간을 가르쳐 주세요.
* 乗用(승용) □□□□□　　* 乗客(승객) □□□□□

常 항상 상(じょう)

音〔じょう〕非常(ひ じょう)　　異常(い じょう)
　　　　　常識(じょう しき)　常備(じょう び)
訓〔つね〕常にそんなことをいう。 항상 그런 말을 한다.

□ 예문 연습

* (ひじょう)の時はこの書類を持ち出してください。 □□
  비상시에는 이 서류를 가져가십시오.
* 今ごろ雪が降るなんて、(異常)な天気だ。 □□□□
  지금 눈이 내리다니 이상한 날씨다.
* 常識(상식) □□□□□　* 常備(상비) □□□□

情 (情) 뜻 정(じょう)

音〔じょう〕情勢(じょう せい)　　事情(じ じょう)
　　　　　表情(ひょう じょう)　友情(ゆう じょう)
訓〔なさけ〕情けぶかい人だ。 인정많은 사람이다.

□ 예문 연습

* 家庭の(じじょう)で社会をやめます。 □□
  가정 사정으로 회사를 그만두겠습니다.
* 彼女は急に(表情)がかわった。 □□□□□□
  그녀는 갑자기 표정이 바뀌었다.
* 情勢(정세) □□□□□　* 友情(우정) □□□□□

場 마당 장(じょう)

音〔じょう〕 工場(こう じょう)　　　会長(かい じょう)
　　　　　　入場(にゅう じょう)　　劇場(げき じょう)
訓〔ば〕　　場面(ば めん)　　　　場所(ば しょ)
　　　　　　現場(げん ば)　　　　市場(いち ば)

□ 예문 연습

* パーティー(かいじょう)がきれいに飾(かざ)ってある。　□□
  파티 회장이 예쁘게 장식되어 있다.
* (市場)でりんごを買(か)いました。　□□□
  시장에서 사과를 샀습니다.
* 入場(입장) □□□□□□　　* 現場(현장) □□□

食 밥 식(しょく)

音〔しょく〕 食事(しょく じ)　　　食品(しょく ひん)
　　　　　　食堂(しょく どう)　　*断食(だん じき)
訓〔たべる〕 ご飯(はん)を食べる。 밥을 먹다.

□ 예문 연습

* インスタント(しょくひん)は体(からだ)によくない。　□□
  인스턴트 식품은 몸에 좋지 않다.
* 金さんは毎朝食堂で(食事)をする。　□□□□
  　　　　まいあさしょくどう
  김씨는 매일 아침 식당에서 식사를 한다.
* 食堂(식당) □□□□□　　* 断食(단식) □□□□

職 직분 직(しょく)

音 〔しょく〕職業(しょく ぎょう)　職員(しょく いん)
　　　　　就職(しゅう しょく)　辞職(じ しょく)
訓 ―

□ 예문 연습

* 父の(しょくぎょう)は弁護士です。　□□
  아버지의 직업은 변호사입니다.
* この学校では毎週(職員)会議をする。　□□□□□
  이 학교에서는 매주 직원회의를 한다.
* 就職(취직) □□□□□□　　* 辞職(사직) □□□□

心 마음 심(しん)

音 〔しん〕中心(ちゅう しん)　関心(かん しん)
　　　　　心情(しん じょう)　心配(しん ぱい)
訓 〔こころ〕心があたたかい。 마음이 따뜻하다.

□ 예문 연습

* ソウルは政治と経済の(ちゅうしん)地だ。　□□
  서울은 정치와 경제의 중심지이다.
* そんなに(心配)しないでください。　□□□□
  그렇게 걱정하지 마십시오.
* 関心(관심) □□□□　　* 心情(심정) □□□□□

信 믿을 신(しん)

音 〔しん〕 通信(つう しん)　　信託(しん たく)
　　　　　 信用(しん よう)　　自信(じ しん)

訓 ―

□ 예문 연습

* 船からSOSの(つうしん)があった。　□□
  배에서 SOS 통신이 있었다.
* 今度はあまり(自信)がありません。　□□□
  이번에는 그다지 자신이 없습니다.
* 信託(신탁)　□□□□　　* 信用(신용)　□□□□

申 진술할 신(しん)

音 〔しん〕 答申(とう しん)　　申請(しん せい)
　　　　　 申告(しん こく)　　内申書(ない しん しょ)

訓 〔もうす〕 金と申します。　김이라고 합니다.

□ 예문 연습

* その問題で委員会の(とうしん)を待っている。　□□
  그 문제로 위원회의 답신을 기다리고 있다.
* 今年の税金を(申告)する。　□□□□
  금년 세금을 신고하다.
* 申請(신청)　□□□□　* 内申書(내신서)　□□□□□□

身　몸 신(しん)

- 音〔しん〕自信(じ しん)　　出身(しゅっ しん)
　　　　　身長(しん ちょう)　単身(たん しん)
- 訓〔み〕　身分(み ぶん)

□ 예문 연습

* 彼はソウル大学の(じゅっしん)です。　□□
　　　　かれ　　　　だいがく
　그는 서울대학 출신입니다.
* 自分(自身)のために働きます。　□□□
　 じ ぶん　　　　　　はたら
　자기자신을 위해서 일합니다.
* 身長(신장) □□□□□　　* 単身(단신) □□□□

神　(神) 귀신 신(しん)

- 音〔しん〕精神(せい しん)　　神経(しん けい)
　　　　　神話(しん わ)　　　神秘(しん ぴ)
- 訓〔かみ〕神にいのる。 신에게 빌다.

□ 예문 연습

* かれは強い(せいしん)力を持っている。　□□
　　　　つよ　　　　　りょく　も
　그는 강한 정신력을 지니고 있다.
* 金さんは思ったより(神経)がするどい。　□□□□
　　　　　おも
　김씨는 생각보다 신경이 예리하다.
* 神話(신화) □□□　　* 神秘(신비) □□□

138

真 (眞) 참 진(しん)

音〔しん〕写真(しゃ しん)　真意(しん い)
　　　　真理(しん り)　　真実(しん じつ)

訓 ―

□ 예문 연습

* ここでみんなで(しゃしん)を撮りましょう。□□
  여기서 모두 함께 사진을 찍읍시다.
* 大学は(真理)を追究するところです。□□□
  대학은 진리를 추구하는 곳입니다.
* 真意(진의) □□□　　* 真実(진실) □□□□

進 나아갈 진(しん)

音〔しん〕推進(すい しん)　促進(そく しん)
　　　　進出(しん しゅつ)　進化(しん か)

訓〔すすむ〕先頭に立って進む。 선두에 서서 나가다.

□ 예문 연습

* 公害反対の運動を(すいしん)しよう。□□
  공해반대 운동을 추진하자.
* 経済の回復を(促進)する。□□□□
  경제회복을 촉진하다.
* 進出(진출) □□□□□　　* 進化(진화) □□□

新 새로울 신(しん)

音〔しん〕新聞(しん ぶん)　　新設(しん せつ)
　　　　　最新(さい しん)　　更新(こう しん)
訓〔あたらしい〕新しい本を買う。　새 책을 사다.

□ 예문 연습

* (しんぶん)は朝刊と夕刊がある。　□□
　신문은 조간과 석간이 있다.
* この自動車は(最新)の形だ。　□□□□
　이 자동차는 최신 형태다.
* 新設(신설) □□□□　　* 更新(갱신) □□□□

審 살필 심(しん)

音〔しん〕審議(しん ぎ)　　審査(しん さ)
　　　　　審判(しん ばん)　　審理(しん り)
訓 ―

□ 예문 연습

* 国会で法案を(しんぎ)する。　□□
　국회에서 법안을 심의하다.
* これは(審査)に合格した品物です。。　□□□
　이것은 심사에 합격한 물건입니다.
* 審判(심판) □□□□　　* 審理(심리) □□□

親　친할 친(しん)

- 音 〔しん〕両親(りょう しん)　親切(しん せつ)
　　　　　親善(しん ぜん)　親族(しん ぞく)
- 訓 〔したしい〕親しい友人(ゆうじん)だ。 친한 친구다.

□ 예문 연습

* ご(りょうしん)はお元気(げんき)ですか。 □□
  부모님은 건강하십니까?
* 田中(たなか)さんはとても(親切)な方(かた)です。 □□□□
  다나까 씨는 매우 친절한 분입니다.
* 親善(친선) □□□□　　* 親族(친족) □□□□

人　사람 인(じん)

- 音 ① 〔じん〕人物(じん ぶつ)　個人(こ じん)
　　　　　　成人(せい じん)　婦人(ふ じん)
　　② 〔にん〕人間(にん げん)　人気(にん き)
- 訓 〔ひと〕あの人はだれですか。 저 사람은 누굽니까?

□ 예문 연습

* 金さんは芸能(げいのう)にすぐれた(じんぶつ)だ。 □□
  김씨는 예능에 뛰어난 인물이다.
* ビートルスは今(いま)でも(人気)がある。 □□□
  비틀즈는 지금도 인기가 있다.
* 個人(개인) □□□　　* 人間(인간) □□□□

水

물 수(すい)

音〔すい〕水道(すい どう)　　水準(すい じゅん)
　　　　地下水(ち か すい)　水泳(すい えい)
訓〔みず〕つめたい水をください。　차가운 물을 주세요.

□ 예문 연습

* (すいどう)の水はそのまま飲んでもいい。　□□
　수돗물은 그대로 마셔도 좋다.
* この絵はとても(水準)が高い。　□□□□□
　이 그림은 매우 수준이 높다.
* 地下水(지하수)　□□□□　　* 水泳(수영)　□□□□

数 (數)

셀 수(すう)

音〔すう〕多数(た すう)　　数年(すう ねん)
　　　　数学(すう がく)　　点数(てん すう)
訓〔かぞえる〕数を数える。　수를 세다.

□ 예문 연습

* こんどの会議で(たすう)の意見が出た。　□□
　이번 회의에서 다수의 의견이 나왔다.
* (数年)にかかって工事ができあがった。　□□□□
　수년에 걸쳐서 공사가 완성되었다.
* 数学(수학)　□□□□　　* 点数(점수)　□□□□

世

인간 세(세)

- 音〔せ〕 世界(せ かい)　　世論(せ ろん)
　　　　 世代(せ だい)　　*世紀(せい き)
- 訓〔よ〕 冷たい世の中　차가운 세상

□ 예문 연습

* 国連は(せかい)の平和をもとめる。 □□
  국제연합은 세계평화를 구한다.
* (世論)を無視するような政治はよくない。 □□□
  여론을 무시하는 듯한 정치를 좋지 않다.
* 世代(세대) □□□　　* 世紀(세기) □□□

正

바를 정(세이)

- 音 ①〔せい〕 改正(かい せい)　　正式(せい しき)
　　 ②〔しょう〕 正直(しょう じき)　　正月(しょう がつ)
- 訓〔ただしい〕 礼儀正しい。 예의바르다.

□ 예문 연습

* 結婚式には(せいしき)の服装をする。 □□
  결혼식에는 정식 복장을 한다.
* (正直)に言ってわたしは行きたくない。 □□□□□
  정직하게 말해서 나는 가고 싶지 않다.
* 改正(개정) □□□□　　* 正月(정월) □□□□□

生　　날 생(せい)

音〔せい〕生活(せい かつ)　　生産(せい さん)
　　　　　学生(がく せい)　　＊一生(いっ しょう)
訓〔うまれる〕赤ちゃんが生れる。　아기가 태어나다.

□ 예문 연습

＊ 物価が高いので(せいかつ)が苦しい。　□□
　　물가가 비싸서 생활이 힘들다.
＊ 日本では全国で米が(生産)される。　□□□□
　　일본에서는 전국에서 쌀이 생산된다.
＊ 学生(학생)　□□□□　　＊ 一生(일생)　□□□□□

成　　이룰 성(せい)

音〔せい〕成功(せい こう)　　完成(かん せい)
　　　　　成長(せい ちょう)　編成(へん せい)
訓〔なる〕学者に成る。　학자가 되다.

□ 예문 연습

＊ 子供はどんどん(せいちょう)する。　□□
　　아이는 무럭무럭 성장한다.
＊ 新学期にはまずクラスを(編成)する。　□□□□
　　신학기에는 먼저 반을 편성한다.
＊ 成功(성공)　□□□□　　＊ 完成(완성)　□□□□

西 서녘 서(せい)

音 〔せい〕 北西(ほく せい)　　西洋(せい よう)
　　　　　西欧(せい おう)　　＊東西(とう ざい)
訓 〔にし〕 日は西にしずむ。　해는 서쪽으로 진다.

□ 예문 연습

＊ (せいよう)の歴史を勉強する。　□□
　서양 역사를 공부한다.
＊ 日本は(東西)にほそ長い国だ。　□□□□
　일본은 동서로 가늘고 긴 나라이다.
＊ 北西(북서) □□□□　　＊ 西欧(서구) □□□□

声 (聲) 소리 성(せい)

音 〔せい〕 声明(せい めい)　　声楽(せい がく)
　　　　　音声(おん せい)　　拡声器(かく せい き)
訓 〔こえ〕 人の声が聞こえる。　사람의 목소리가 들리다.

□ 예문 연습

＊ 支持する(せいめい)を新聞に発表した。　□□
　지지하는 성명을 신문에 발표했다.
＊ 朴さんは(声楽)を専攻している。　□□□□
　박씨는 성악을 전공하고 있다.
＊ 音声(음성) □□□□　　＊ 拡声器(확성기) □□□□□

制

억제할 제(せい)

音〔せい〕 制度(せい ど)　体制(たい せい)
　　　　　規制(き せい)　制限(せい げん)

訓 ―

□ 예문 연습

* 今回新しい(せいど)に改める。 □□
  이번에 새로운 제도로 바꾸다.
* 年末になると交通(規制)がきびしい。 □□□
  연말이 되면 교통규제가 엄하다.
* 体制(체제) □□□□　　* 制限(제한) □□□□

性

성품 성(せい)

音〔せい〕 女性(じょ せい)　性格(せい かく)
　　　　　性能(せい のう)　可能性(か のう せい)

訓 ―

□ 예문 연습

* 戦後、(じょせい)の地位が向上した。 □□
  전후, 여성의 지위가 향상되었다.
* このカメラはとても(性能)がいい。 □□□□
  이 카메라는 매우 성능이 좋다.
* 性格(성격) □□□□　　* 可能性(가능성) □□□□□

青 (青) 푸를 청(せい)

音〔せい〕青春(せいしゅん)　青銅(せいどう)
　　　　青年(せいねん)　青少年(せいしょうねん)

訓〔あおい〕空(そら)が青い。　하늘이 파랗다.

□ 예문 연습

* (せいしょうねん)スポーツ大会(たいかい)がある。　□□□
　청소년 체육대회가 있다.
* かれは文学(ぶんがく)(青年)です。　□□□□
　그는 문학청년입니다.
* 青銅(청동)　□□□□　　* 青春(청춘)　□□□□□

政　정사 정(せい)

音〔せい〕政治(せいじ)　　行政(ぎょうせい)
　　　　政府(せいふ)　　政策(せいさく)

訓 ―

□ 예문 연습

* 日本(にほん)(せいふ)が発行(はっこう)したパスポートです。　□□
　일본정부가 발행한 여권입니다.
* 各党(かくとう)は(政策)や会約(こうやく)を発表(はっぴょう)する。　□□□□
　각당은 정책과 공약을 발표한다.
* 政治(정치)　□□□　　* 行政(행정)　□□□□□

省 살필 성(せい)

音 ① 〔せい〕 反省(はんせい) 帰省(きせい)
   ② 〔しょう〕 省略(しょうりゃく) 文部省(もんぶしょう)
訓 〔かえりみる〕 過去(かこ)を省みる。 과거를 돌이켜보다.

□ 예문 연습

* 寝(ね)る前(まえ)に一日(いちにち)を(はんせい)する。 □□
  자기 전에 하루를 반성하다.

* これは要(い)らないから(省略)してもいい。 □□□□□□
  이건 필요없으니 생략해도 좋다.

* 帰省(귀성) □□□   * 文部省(문부성) □□□□□□

清 (淸) 맑을 청(せい)

音 〔せい〕 清潔(せいけつ)   清掃(せいそう)
         清凉(せいりょう)   清淨(せいじょう)
訓 〔きよい〕 水(みず)が清い。 물이 맑다.

□ 예문 연습

* 台所(だいどころ)はいつも(せいけつ)にしてください。 □□
  부엌은 항상 청결하게 하세요.

* (清凉)飲料(いんりょう)は体(からだ)が太(ふと)る。 □□□□□
  청량음료는 몸이 살찐다.

* 清掃(청소) □□□□   * 清淨(청정) □□□□□

149

勢 기세 세(せい)

音〔せい〕情勢(じょう せい)　姿勢(し せい)
　　　　勢力(せい りょく)　形勢(けい せい)

訓〔いきおい〕勢いよくほどばしる。 세차게 샘솟다.

□ 예문 연습

* 今は(けいせい)が不利です。□□
　지금은 형세가 불리합니다.

* 世界の(情勢)は一年前とずいぶんかわった。□□□□□
　세계정세는 1년전과 매우 변했다.

* 姿勢(자세) □□□　　* 勢力(세력) □□□□□

製 지을 제(せい)

音〔せい〕製品(せい ひん)　製作(せい さく)
　　　　製造(せい ぞう)　製図(せい ず)

訓 —

□ 예문 연습

* 原料を輸入して(せいひん)を輸出する。□□
　원료를 수입하여 제품을 수출한다.

* この映画はわたしたちが(製作)した。□□□□
　이 영화는 우리들이 제작했다.

* 製造(제조) □□□□　　* 製図(제도) □□□

整

가지런할 정(せい)

- 音〔せい〕調整(ちょう せい)　整理(せい り)
  　　　　整備(せい び)　　整列(せい れつ)
- 訓〔ととのえる〕身辺(しんぺん)を整える。 신변을 정리하다.

□ 예문 연습

* ステレオの音(おと)を(ちょうせい)する。　□□
  스테레오 소리를 조정하다.
* (整理)して、要(い)らないものをすてなさい。　□□□
  정리하여 필요없는 것을 버려라.
* 整備(정비) □□□　　* 整列(정렬) □□□□

(税)　세금 세(ぜい)

- 音〔ぜい〕税金(ぜい きん)　関税(かん ぜい)
  　　　　免税(めん ぜい)　税制(ぜい せい)
- 訓 ―

□ 예문 연습

* 期限内(きげんない)に(ぜいきん)を納(おさ)める。　□□
  기한내에 세금을 납부한다.
* このテレビは(免税)でいくらですか。　□□□□
  이 텔레비전은 면세로 얼마입니까?
* 関税(관세) □□□□　　* 税制(세제) □□□□

石 돌 석(せき)

- 音 〔せき〕 石油(せき ゆ)　　石炭(せき たん)
　　　　　　宝石(ほう せき)　＊磁石(じ しゃく)
- 訓 〔いし〕 石のようにかたい。 돌처럼 단단하다.

□ 예문 연습

* (せきゆ)は化学工業の原料にもなる。 □□
  석유는 화학공업의 원료로도 된다.
* (石炭)で走らせる汽車はもうない。 □□□□
  석탄으로 달리는 기차는 이제 없다.
* 宝石(보석) □□□□　　＊ 磁石(자석) □□□□

赤 붉을 적(せき)

- 音 〔せき〕 赤道(せき どう)　　　赤痢(せき り)
　　　　　　赤十字(せき じゅう じ)　赤軍(せき ぐん)
- 訓 〔あかい〕 赤字(あか じ)　赤信号(あか しん ごう)

□ 예문 연습

* (せきり)は夏にかかりやすい病気だ。 □□
  이질은 여름에 걸리기 쉬운 병이다.
* 最近(赤十字)の活動が活発している。 □□□□□□
  최근 적십자활동이 활발하다.
* 赤道(적도) □□□□　　＊ 赤軍(적군) □□□□

席 자리 석(せき)

音 〔せき〕 出席(しゅっせき)　主席(しゅせき)
　　　　　客席(きゃくせき)　座席(ざせき)

訓 ―

□ 예문 연습

* 卒業式には母も父も(しゅっせき)した。　□□
  졸업식에는 어머니도 아버지도 출석했다.
* 北朝鮮の(主席)の写真がかかっている。　□□□□
  북조선(북한) 주석의 사진이 걸려 있다.
* 客席(객석) □□□□□　　* 座席(좌석) □□□

積 쌓을 적(せき)

音 〔せき〕 面積(めんせき)　体積(たいせき)
　　　　　蓄積(ちくせき)　積極(せっきょく)

訓 〔つもる〕 雪が積る。 눈이 쌓이다.

□ 예문 연습

* わたしも(せっきょく)的に協力します。　□□
  나도 적극적으로 협력하겠습니다.
* たたみ二枚の(面積)は3.3平方メートルです。　□□□□
  다다미 2장의 면적은 3.3평방미터입니다.
* 体積(체적) □□□□　　* 蓄積(축적) □□□□

切 끊을 절(せつ), 모두 체(さい)

音 〔せつ〕 大切(たい せつ)   親切(しん せつ)
         切断(せつ だん)   *一切(いっ さい)
訓 〔きる〕 いとを切る。 실을 끊다.

□ 예문 연습

* かばんの中に(たいせつ)なものが入っている。 □□
  가방 속에 중요한 것이 들어있다.
* 金さんは丁寧で、(親切)な方です。 □□□□
  김씨는 정중하고 친절한 분입니다.
* 切断(절단) □□□□   * 一切(일체) □□□□

設 베풀 설(せつ)

音 〔せつ〕 建設(けん せつ)   施設(し せつ)
         設備(せつ び)   設立(せつ りつ)
訓 〔もうける〕 席を設ける。 자리를 마련하다.

□ 예문 연습

* 今度新しい会社を(せつりつ)する。 □□
  이번에 새로운 회사를 설립하다.
* この工場の(施設)を見学したい。 □□□
  이 공장 시설을 견학하고 싶다.
* 建設(건설) □□□□   * 設備(설비) □□□

説 말씀 설(せつ)

音〔せつ〕 説明(せつ めい)　解説(かい せつ)
　　　　＊演説(えん ぜつ)　小説(しょう せつ)
訓 －

□ 예문 연습

＊ この文章(ぶんしょう)をくわしく(せつめい)してください。 □□
　이 문장을 자세히 설명해 주십시오.
＊ 選挙(せんきょ)の(演説)を聞(き)きに行(い)った。 □□□□
　선거연설을 들으러 갔다.
＊ 解説(해설) □□□□　＊ 小説(소설) □□□□□

千 일천 천(せん)

音〔せん〕 千差(せん さ)　　　千里(せん り)
　　　　　千円(せん えん)　＊三千(さん ぜん)
訓 －

□ 예문 연습

＊ 人(ひと)の顔(かお)は(せんさ)万別(ばんべつ)だ。 □□
　사람의 얼굴은 천차만별이다.
＊ この魚(さかな)は一匹(いっぴき)で(三千)円(えん)です。 □□□□
　이 생선은 1마리에 3천엥입니다.
＊ 千里(천리) □□□　＊ 千円(천엥) □□□□

先　먼저 선(せん)

音〔せん〕先生(せん せい)　先月(せん げつ)
　　　　優先(ゆう せん)　祖先(そ せん)
訓〔さき〕先に行く。 먼저 가다.

□ 예문 연습

* 日本語は金(せんせい)に教えてもらった。 □□
  일본어는 김선생님께 배웠다.
* この席は老人(優先)席です。 □□□□
  이 좌석은 노인 우선석입니다.
* 先月(지난 달) □□□□　* 祖先(선조) □□□

専 (專)　오로지 전(せん)

音〔せん〕専門(せん もん)　専用(せん よう)
　　　　専攻(せん こう)　専念(せん ねん)
訓〔もっぱら〕専らしごとにはげむ。오로지 일에 전념하다.

□ 예문 연습

* 日本文化を(せんもん)に勉強するつもりだ。 □□
  일본문화를 전문으로 공부할 생각이다.
* それは(専攻)の先生に相談してください。 □□□□
  그건 전공 선생님께 상담하십시오.
* 専用(전용) □□□□　* 専念(전념) □□□□

船　배 선(せん)

音〔せん〕漁船(ぎょせん)　　貨物船(かもつせん)
　　　　乗船(じょうせん)　　船舶(せんぱく)
訓〔ふね〕船に乗って行く。　배를 타고 가다.

□ 예문 연습

* あれはまぐろをとりに出かける(ぎょせん)です。　□□
  저건 참치를 잡으러 떠나는 어선입니다.
* (貨物船)が港に出入りしている。　□□□□□
  화물선이 항구를 드나들고 있다.
* 乗船(승선)　□□□□□　* 船舶(선박)　□□□□

戦 (戰)　싸움 전(せん)

音〔せん〕戦争(せんそう)　　戦後(せんご)
　　　　作戦(さくせん)　　戦死(せんし)
訓〔たたかう〕敵と戦う。　적과 싸우다.

□ 예문 연습

* 「(せんそう)と平和」は有名な作品です。　□□
  「전쟁과 평화」는 유명한 작품입니다.
* (戦後)生まれの人がだんだん多くなる。　□□□
  전후에 태어난 사람이 점점 많아진다.
* 作戦(작전)　□□□□　* 戦死(전사)　□□□

線

줄 선(せん)

音 〔せん〕 幹線(かん せん)　　路線(せん ろ)
　　　　　光線(こう せん)　　国際線(こく さい せん)

訓 ー

□ 예문 연습

* (せんろ)に沿って道を歩きます。　□□
  선로를 따라 길을 걷습니다.
* (国際線)の飛行機は成田から出る。　□□□□□□
  국제선 비행기는 나리따에서 출발한다.
* 幹線(간선)　□□□□　　* 光線(광선)　□□□□

選

가릴 선(せん)

音 〔せん〕 選挙(せん きょ)　　選手(せん しゅ)
　　　　　当選(とう せん)　　選出(せん しゅつ)

訓 〔えらぶ〕 いい物を選ぶ。 좋은 것을 고르다.

□ 예문 연습

* 大統領は(せんきょ)で選ばれる。　□□
  대통령은 선거로 선출된다.
* わたしが(当選)したらこんなことをやります。　□□□□
  제가 당선한다면 이런 일을 하겠습니다.
* 選手(선수)　□□□□　　* 選出(선출)　□□□□□

 온전 전(ぜん)

音〔ぜん〕全国(ぜん こく)　全体(ぜん たい)
　　　　　安全(あん ぜん)　完全(かん ぜん)
訓〔まったく〕全くのつくりばなし 완전히 꾸며낸 이야기

□ 예문 연습

* (ぜんこく)の人がテレビでそのニュースを見た。□□
　전국의 사람이 텔레비전으로 그 뉴스를 보았다.
* 公園は子供の(安全)な遊び場だ。□□□□
　공원은 아이들의 안전한 놀이터다.
* 全体(전체) □□□□　　* 完全(완전) □□□□

前 앞 전(ぜん)

音〔ぜん〕前後(ぜん ご)　午前(ご ぜん)
　　　　　以前(い ぜん)　前日(ぜん じつ)
訓〔まえ〕一年前のことだ。 1년전의 일이다.

□ 예문 연습

* (ぜんご)の考えもなく、さそいにのる。□□
　전후 사정을 생각지도 않고 유혹에 넘어가다.
* (午前)九時までに来てください。□□□
　오전 9시까지 오십시오.
* 以前(이전) □□□　　* 前日(전일) □□□□

然 　그럴 연(ぜん)

音 〔ぜん〕 自然(し ぜん)　　当然(とう ぜん)
　　　　　 突然(とつ ぜん)　＊天然(てん ねん)
訓 －

□ 예문 연습

＊ 夏休みには(しぜん)の中で体をきたえよう。□□
　 여름방학때는 자연 속에서 몸을 단련하자.
＊ (突然)むかしの友だちがたずねてきた。□□□□
　 돌연 옛날 친구가 찾아왔다.
＊ 当然(당연) □□□□　　＊ 天然(천연) □□□□

組 　짤 조(そ)

音 〔そ〕 組織(そ しき)　　組閣(そ かく)
　　　　 組成(そ せい)　　日教組(にっ きょう そ)
訓 〔くむ〕 組合(くみ あい)　　組曲(くみ きょく)

□ 예문 연습

＊ (くみあい)を組織して、いっしょに戦おう。□□
　 조합을 조직하여 함께 싸우자.
＊ (日教組)の全国大会がある。□□□□□□
　 일본교직원조합의 전국대회가 있다.
＊ 組織(조직) □□□　　＊ 組成(조성) □□□

早 　일찍 조(そう)

音 ① 〔そう〕 早朝(そう ちょう)　　早期(そう き)
　　② 〔さっ〕 早速(さっ そく)　　早急(さっ きゅう)
訓 〔はやい〕 早く起きる。 일찍 일어나다.

□ 예문 연습

* 毎日(そうちょう)マラソンをやっている。 □□
  매일 조조 마라톤을 하고 있다.
* ご注文の品は(早速)おとどけいたします。 □□□□
  주문하신 물건은 곧 보내드리겠습니다.
* 早期(조기) □□□　　* 早急(조급) □□□□□

争 (爭) 다툴 쟁(そう)

音 〔そう〕 戦争(せん そう)　　競争(きょう そう)
　　　　　 論争(ろん そう)　　争議(そう ぎ)
訓 〔あらそう〕 兄弟が争う。 형제가 다투다.

□ 예문 연습

* だれが早く着くか(きょうそう)しよう。 □□
  누가 빨리 도착하는지 경쟁하자.
* 弟三次世界(戦争)は起こしてはならない。 □□□□
  제3차세계전쟁은 일으켜서는 안된다.
* 論争(논쟁) □□□□　　* 争議(쟁의) □□□

相　서로 상(そう)

音 ① 〔そう〕　相談(そう だん)　相場(そう ば)
　② 〔しょう〕首相(しゅ しょう)　外相(がい しょう)
訓 〔あい〕試合の相手　시합 상대

□ 예문 연습

* (そうば)が上がったり下がったりする。　□□
　시세가 오르락내리락 하다.
* (首相)は国会議員の中で選らばれる。　□□□□□
　수상은 국회의원 가운데서 선출된다.
* 相談(상담)　□□□□　* 外相(외상)　□□□□□

送　(送) 보낼 송(そう)

音 〔そう〕放送(ほう そう)　輸送(ゆ そう)
　　　　送金(そう きん)　送料(そう りょう)
訓 〔おくる〕あいずを送る。　신호를 보내다.

□ 예문 연습

* 毎日テレビではニュースを(ほうそう)する。　□□
　매일 텔레비전에서는 뉴스를 방송한다.
* 鉄道(輸送)よりトラック(輸送)が速い。　□□□
　철도수송보다 트럭수송이 빠르다.
* 送料(송료)　□□□□□　* 送金(송금)　□□□□

想 　생각할 상(そう)

音 〔そう〕予想(よ そう)　　思想(し そう)
　　　　　構想(こう そう)　空想(くう そう)
訓 ―

□ 예문 연습

* 選挙の結果は(よそう)したとおりだった。　□□
  선거 결과는 예상한 대로였다.
* かれは新しい小説を(構想)している。　□□□□
  그는 새로운 소설을 구상하고 있다.
* 思想(사상) □□□　　* 空想(공상) □□□□

総 (總) 거느릴 총(そう)

音 〔そう〕総会(そう かい)　総合(そう ごう)
　　　　　総裁(そう さい)　総評(そう ひょう)
訓 ―

□ 예문 연습

* ソウル大学は(そうごう)大学です。　□□
  서울대학은 종합대학입니다.
* 自民党(総裁)が改選された。　□□□□
  자민당의 총재가 개선되었다.
* 総会(총회) □□□□　　* 総評(총평) □□□□□

造

지을 조(ぞう)

音〔ぞう〕製造(せい ぞう)　改造(かい ぞう)
　　　　造船(ぞう せん)　構造(こう ぞう)
訓 ―

□ 예문 연습

* かんづめには(せいぞう)年月日が書いてある。　□□
  통조림에는 제조년월일이 쓰여 있다.
* 日本は(造船)の技術がすぐれている。　□□□□
  일본은 조선기술이 발달되어 있다.
* 改造(개조) □□□□　　* 構造(구조) □□□□

増 (增)

줄 증(ぞう)

音〔ぞう〕増加(ぞう か)　増大(ぞう だい)
　　　　増資(ぞう し)　増減(ぞう げん)
訓〔ふる〕ますます人口が増える。　점점 인구가 늘어니다.

□ 예문 연습

* 輸出を(ぞうだい)するために努力する。　□□
  수출을 증대하기 위해 노력하다.
* 体力の(増減)がはげしい。　□□□□
  체력의 증감이 격심하다.
* 増加(증가) □□□　　* 増資(증자) □□□

蔵 (藏) 곳집 장, 감출 장(ぞう)

- 音〔ぞう〕貯蔵(ちょぞう)　埋蔵(まいぞう)
　　　　　蔵書(ぞうしょ)　冷蔵(れいぞう)
- 訓〔くら〕大蔵省(おおくらしょう) 재무부에 해당

□ 예문 연습

* これを(れいぞう)庫に入れてください。　□□
　이걸 냉장고에 넣으세요.
* ここに食料品を(貯蔵)する。　□□□□
　여기에 식료품을 저장하다.
* 埋蔵(매장) □□□□　　* 蔵書(장서) □□□□

足 발 족(そく)

- 音〔そく〕不足(ふそく)　　発足(ほっそく)
　　　　　遠足(えんそく)　補足(ほそく)
- 訓〔あし〕足音がする。 발소리가 나다.

□ 예문 연습

* 雨が降って(えんそく)は中止された。　□□
　비가 내려 소풍은 중지되었다.
* 6.3制が(発足)して、もう30年になった。　□□□□
　6.3제가 발족하여 벌써 30년이 되었다.
* 不足(부족) □□□　　* 補足(보족) □□□

続 (續) 이을 속(ぞく)

音〔ぞく〕連続(れん ぞく)　継続(けい ぞく)
　　　　　相続(そう ぞく)　続編(ぞく へん)
訓〔つづける〕しごとを続ける。 일을 계속하다.

□ 예문 연습

* 研究は困難の(れんぞく)だった。 □□
  연구는 고난의 연속이었다.
* どんなことがあっても研究は(継続)します。 □□□□
  어떤 일이 있더라도 연구는 계속하겠습니다.
* 相続(상속) □□□□　　* 続編(속편) □□□□

村　마을 촌(そん)

音〔そん〕漁村(ぎょ そん)　農村(のう そん)
　　　　　村落(そん らく)　村長(そん ちょう)
訓〔むら〕静かな村里の生活　조용한 시골생활

□ 예문 연습

* 最近(のうそん)の人口がへってきた。 □□
  최근 농촌인구가 줄어들었다.
* (漁村)の風景画がりっぱだ。 □□□□
  어촌의 풍경화가 훌륭하다.
* 村落(촌락) □□□□　　* 村長(촌장) □□□□□

新字体

* 앞字는 正字, 뒷字는 新字体

⑤ 앞·뒤 부분을 줄인 경우
對 → 対　　假 → 仮　　燈 → 灯　　樣 → 様
拜 → 拝　　稱 → 称　　證 → 証　　櫻 → 桜
歸 → 帰　　總 → 総　　鐵 → 鉄　　遲 → 遅

⑥ 밑·중간 부분을 줄인 경우
實 → 実　　氣 → 気　　國 → 国　　壹 → 壱
寶 → 宝　　靈 → 霊　　圖 → 図　　廳 → 庁
屆 → 届　　虛 → 虚　　圍 → 囲　　聽 → 聴
關 → 関　　戲 → 戯　　團 → 団

⑦ 전혀 다르게 줄인 경우
畵 → 画　　與 → 与　　盡 → 尽　　體 → 体
劃 → 画　　寫 → 写　　晝 → 昼　　臺 → 台
辯 → 弁　　當 → 当　　缺 → 欠　　嶽 → 岳
　　　　　雙 → 双　　鹽 → 塩　　巖 → 巌

☞ 240페이지에 계속 이어짐.

た行으로 읽는 한자음

た	他	多					てい	低	定 庭 提 程
だ	打						てき	的	
たい	太	対	体	待	隊	態 大	てつ	鉄	
	代	台							
だい	第	題					てん	天	店 点 展 転
たく	宅						でん	伝	電
たつ	達						と	都	
だん	団	男	断	段	談		ど	土	度
ち	他	知	値	置			とう	当	投 東 討 党 登 答
								統	頭
ちゃく	着						どう	同	動 働 道 導
ちゅう	中						とく	特	得
ちょう	庁	長	張	朝	調		どく	読	
ちょく	直						とつ	突	
つい	追	通							

他　다를 타(た)

音〔た〕他人(た にん)　　他流(た りゅう)
　　　　他国(た こく)　　自他(じ た)
訓 ―

□ 예문 연습

* 自分と(たにん)を区別しない。　□□
  자신과 타인을 구별하지 않는다.
* (他流)と試合にのぞむ。　□□□□
  다른 유파와 시합에 임하다.
* 他国(타국)　□□□　　* 自他(자타)　□□

多　많을 다(た)

音〔た〕多数(た すう)　　多少(た しょう)
　　　　雑多(ざっ た)　　多量(た りょう)
訓〔おおい〕人が多い。　사람이 많다.

□ 예문 연습

* 大(多数)の人がそれに賛成している。　□□
  대다수의 사람은 거기에 찬성하고 있다.
* 駅から(多少)遠くても静かな所に住んでいる。□□□□
  역에서 다소 멀어도 조용한 곳에 살고 있다.
* 雑多(잡다)　□□□　　* 多量(다량)　□□□□

打   칠 타(だ)

- 音 〔だ〕 安打(あん だ)　　打者(だ しゃ)
  ・ 打撃(だ げき)　　打倒(だ とう)
- 訓 〔うつ〕 ヒットを打つ。 히트를 치다.

□ 예문 연습

* 四番(だしゃ)の中村選手に期待している。 □□
  4번타자인 나까무라 선수에게 기대하고 있다.
* あのピッチャーは(安打)を3本におさえた。 □□□
  그 피쳐는 3안타로 눌렀다.
* 打撃(타격) □□□　　* 打倒(타도) □□□

太   클 태(たい)

- 音 〔たい〕 太陽(たい よう)　　太平洋(たい へい よう)
  　　　　 皇太子(こう たい し)　*丸太(まる た)
- 訓 ―

□ 예문 연습

* (たいよう)が沈んで、 あたりが暗くなった。 □□
  태양이 지고 주위가 어두어졌다.
* この船は(太平洋)をわたって行く。 □□□□□□
  이 배는 태평양을 건너 간다.
* 皇太子(황태자) □□□□□　　* 丸太(통나무) □□□

対 (對) 대답할 대(たい)

音〔たい〕 反対(はん たい)　　対策(たい さく)
　　　　 対象(たい しょう)　対立(たい りつ)

訓 ―

□ 예문 연습

* 建設を(はんたい)する人が思ったより多い。　□□
  건설을 반대하는 사람이 생각보다 많다.
* この本は小学生を(対象)にしている。　□□□□□
  이 책은 국민학생을 대상으로 하고 있다.
* 対策(대책) □□□□　* 対立(대립) □□□□

体 (體) 몸 체(たい)

音〔たい〕 全体(ぜん たい)　具体的(ぐ たい てき)
　　　　 団体(だん たい)　体制(たい せい)

訓〔からだ〕体が大きい。 몸이 크다.

□ 예문 연습

* (ぐたいてき)に話してください。　□□□
  구체적으로 말해 주십시오.
* (団体)を作って海外旅行に行く。　□□□□
  단체를 만들어 해외여행을 가다.
* 全体(전체) □□□□　* 体制(체제) □□□□

待

기다릴 대(たい)

音 〔たい〕 期待(き たい)　　招待(しょう たい)
　　　　　接待(せっ たい)　　歓待(かん たい)
訓 〔まつ〕 駅で待っている。　역에서 기다리고 있다.

□ 예문 연습

* これ以上の(きたい)は無理です。　□□
  이 이상의 기대는 무리입니다.
* 誕生日のお祝いに(招待)された。　□□□□□
  생일 축하에 초대받았다.
* 接対(접대) □□□□　　* 歓待(관대) □□□□

隊

떼 대(たい)

音 〔たい〕 部隊(ぶ たい)　　軍隊(ぐん たい)
　　　　　編隊(へん たい)　　自衛隊(じ えい たい)
訓

□ 예문 연습

* ○○(ぶたい)は××基地へ移動しました。　□□
  ○○부대는 ××기지로 이동했습니다.
* 隊列を組んで(編隊)飛行する。　□□□□
  대열을 짜서 편대비행하다.
* 軍隊(군대) □□□□　　* 自衛隊(자위대) □□□□□

態 태도 태(たい)

音 〔たい〕 態度(たい ど)　　状態(じょう たい)
　　　　　事態(じ たい)　　形態(けい たい)

訓 ―

□ 예문 연습

* 賛成か反対か(たいど)を決めてください。 □□
  찬성인지 반대인지 태도를 정하십시오.
* かれの生活の(状態)はあまりよくない。 □□□□
  그의 생활태도는 그다지 좋지 않다.
* 事態(사태) □□□　　* 形態(형태) □□□□

大 큰 대(たい)

音 ① 〔たい〕 大会(たい かい)　　大衆(たい しゅう)
　② 〔だい〕 大学(だい がく)　　最大(さい だい)

訓 〔おおきい〕 木が大きい。 나무가 크다.

□ 예문 연습

* 体育の日にソウル市のピンポン(たいかい)がある。 □□
  체육의 날 서울시의 탁구대회가 있다.
* このビルは東洋(最大)の高さです。 □□□□
  이 빌딩은 동양 최대의 높이입니다.
* 大衆(대중) □□□□□　　* 大学(대학) □□□□

代 대신할 대(たい)

音 ① 〔たい〕 交代(こう たい)　　代謝(たい しゃ)
　 ② 〔だい〕 代表(だい ひょう)　時代(じ だい)
　　　　　　 代価(だい か)　　　代金(だい きん)

訓 〔かわる〕 人に代わる。 남을 대신하다.

□ 예문 연습

* 監督は急に選手を(こうたい)した。 □□
　감독은 갑자기 선수를 교대했다.
* 国会議員は国民の(代表)である。 □□□□
　국회의원은 국민의 대표이다.
* 時代(시대) □□□　　* 代謝(대사) □□□□

台 (臺) 도대 대(たい)

音 ① 〔たい〕 台風(たい ふう)　　舞台(ぶ たい)
　 ② 〔だい〕 台地(だい ち)　　　灯台(とう だい)

訓 ―

□ 예문 연습

* 一度(ぶたい)に立って、歌を歌ってみたい。 □□
　한번 무대에 서서 노래를 불러보고 싶다.
* (灯台)が遠くから見えた。 □□□□
　등대가 멀리서 보였다.
* 台風(태풍) □□□□　　* 台地(대지) □□□

第

차례 제(だい)

音 〔だい〕 次第(し だい)　　落第(らく だい)
　　　　及第(きゅう だい)　第一(だい いち)

訓 ―

□ 예문 연습

* かれは期末試験に(らくだい)した。　□□
  그는 기말시험에 낙제했다.
* なによりも健康が(第一)です。　□□□□
  무엇보다 건강이 제일입니다.
* 次第(차제)　□□□　　* 及第(급제)　□□□□□

題

제목 제(だい)

音 〔だい〕 問題(もん だい)　　話題(わ だい)
　　　　課題(か だい)　　　議題(ぎ だい)

訓 ―

□ 예문 연습

* 今日会議で(ぎだい)を討議する。　□□
  오늘 회의에서 의제를 토의하다.
* 最近健康の問題が(話題)になっている。　□□□
  최근 건강문제가 화제가 되고 있다.
* 問題(문제)　□□□□　* 課題(과제)　□□□

宅 집 택, 댁 택(たく)

音 〔たく〕 住宅(じゅうたく)　自宅(じたく)
　　　　　　宅地(たくち)　　　私宅(しゃたく)
訓 ―

□ 예문 연습

* 農地を買って(たくち)にする。　□□
　농지를 사서 택지로 하다.
* 転勤してひとりで(私宅)に住む。　□□□□
　전근하여 혼자서 사택에 살다.
* 住宅(주택) □□□□□　　* 自宅(자택) □□□

達 통달할 달(たつ)

音 〔たつ〕 達人(たつじん)　　発達(はったつ)
　　　　　　伝達(でんたつ)　*達成(たっせい)
訓 ―

□ 예문 연습

* 東京は電車が(はったつ)している。　□□
　동경은 전차가 발달되어 있다.
* 計画どおり目標を(達成)した。　□□□□
　계획대로 목표를 달성했다.
* 達人(달인) □□□□　　* 伝達(전달) □□□□

団 (團) 둥글 단(だん)

音〔だん〕団体(だん たい)　　団地(だん ち)
　　　　　集団(しゅう だん)　団長(だん ちょう)
訓 ー

□ 예문 연습

* 日本人は(だんたい)を作って旅行に行く。　□□
　일본인은 단체를 만들어 여행을 간다.
* ありは(集団)生活をする。　□□□□
　개미는 집단생활을 한다.
* 団地(단지) □□□　　* 団長(단상) □□□□□

男 사내 남(だん)

音〔だん〕男子(だん し)　　男女(だん じょ)
　　　　　男性(だん せい)　＊長男(ちょう なん)
訓〔おとこ〕男が足りない。　남자가 부족하다.

□ 예문 연습

* 日本ではふつうの学校は(だんじょ)共学だ。　□□
　일본에서는 보통 학교는 남녀공학이다.
* 金さんは次男で、わたしは(長男)です。　□□□□□
　김씨는 차남이고 저는 장남입니다.
* 男子(남자) □□□　　* 男性(남성) □□□□

断

(斷) 끊을 단(だん)

音 〔だん〕 判断(はん だん)　診断(しん だん)
　　　　　横断(おう だん)　断言(だん げん)
訓 〔たつ〕 お酒を断つ。 술을 끊다.

□ 예문 연습

* 道を(おうだん)する時は左右を見なさい。 □□
  길을 횡단할 때는 좌우를 보거라.

* これがどうか(判断)してください。 □□□□
  이것이 어떨지 판단해 주세요.

* 診断(진단) □□□□　　* 断言(단언) □□□□

段

층계 단(だん)

音 〔だん〕 段階(だん かい)　手段(しゅ だん)
　　　　　値段(ね だん)　階段(かい だん)
訓 ―

□ 예문 연습

* 目的のためには(しゅだん)を選ばない。 □□
  목적을 위해서는 수단을 가리지 않는다.

* デパートの品物には(値段)が書いてある。 □□□
  백화점 물건에는 가격이 쓰여 있다.

* 段階(단계) □□□□　　* 階段(계단) □□□□

談   말씀 담(だん)

音 〔だん〕 会談(かい だん)　　相談(そう だん)
　　　　　懇談(こん だん)　　対談(たい だん)

訓 ―

☐ 예문 연습

* 三国の外相がスイスで(かいだん)した。　☐☐
　3국 외상이 스위스에서 회담했다.

* お茶でも飲みながら(懇談)しましょう。　☐☐☐☐
　차라도 마시면서 간담합시다.

* 相談(상담) ☐☐☐☐　　* 対談(대담) ☐☐☐☐

地   땅 지(ち)

音 ① 〔ち〕 地方(ち ほう)　　地域(ち いき)
　 ② 〔じ〕 地震(じ しん)　　地面(じ めん)

訓 ―

☐ 예문 연습

* この大学は(ちほう)出身の学生が多い。　☐☐
　이 대학은 지방출신의 학생이 많다.

* 日本は(地震)の多い国です。　☐☐☐
　일본은 지진이 많은 나라입니다.

* 地域(지역) ☐☐☐　　* 地面(지면) ☐☐☐

知 알 지(ち)

- 音〔ち〕知識(ち しき)　　無知(む ち)
　　　　通知(つう ち)　　知恵(ち え)
- 訓〔しる〕あの人を知っている。　그 사람을 알고 있다.

□ 예문 연습

* 犬は(ちえ)のある動物です。　□□
　개는 지혜가 있는 동물입니다.
* 現場で生きた(知識)をえる。　□□□
　현장에선 산 지식을 얻다.
* 無知(무지) □□　　* 通知(통지) □□□□

値 값 치(ち)

- 音〔ち〕測定値(そく てい ち)　　数値(すう ち)
　　　　絶対値(ぜっ たい ち)　　価値(か ち)
- 訓〔ね〕値段(ねだん) 가격

□ 예문 연습

* 物価が上がってお金の(かち)が下がる。　□□
　물가가 올라 돈의 가치가 떨어지다.
* (絶対値)を求めよ。　□□□□□
　절대치를 구하라.
* 測定値(측정치) □□□□□　　* 数値(수치) □□□

置 둘 치(ち)

音〔ち〕措置(そ ち)　　装置(そう ち)
　　　　設置(せっ ち)　　位置(い ち)
訓〔おく〕にもつを置く。 짐을 두다.

□ 예문 연습

* 公害について新しい(そち)を考える。 □□
  공해에 대해서 새로운 조치를 생각한다.
* 環境問題研究所を(設置)する。 □□□
  환경문제연구소를 설치한다.
* 措置(조치) □□　　* 位置(위치) □□□□

着 붙을 착(ちゃく)

音〔ちゃく〕到着(と ちゃく)　　着陸(ちゃく りく)
　　　　　土着(ど ちゃく)　　愛着(あい ちゃく)
訓〔つく〕3時に着く。 3시에 도착하다.

□ 예문 연습

* 列車は定刻に上野駅に(とちゃく)します。 □□
  열차는 정각에 우에노 역에 도착합니다.
* 飛行機は4時に(着陸)する予定だ。 □□□□□
  비행기는 4시에 착륙할 예정이다.
* 土着(토착) □□□□　　* 愛着(애착) □□□□□

中　가운데 중(ちゅう)

音〔ちゅう〕中心(ちゅう しん)　　中央(ちゅう おう)
　　　　　　途中(と ちゅう)　　　中学(ちゅう がく)
訓〔なか〕本はかばんの中にある。　책은 가방속에 있다.

□ 예문 연습

* ソウル駅(えき)はソウルのほぼ(ちゅうおう)にある。　□□
　서울역은 서울의 거의 중앙에 있다.
* (途中)まで行(い)って、行くのをやめた。　□□□□
　도중까지 가서 가는 것을 그만두었다.
* 中心 □□□□□　　* 中学 □□□□□

庁　(廳) 관청 청(ちょう)

音〔ちょう〕官庁(かん ちょう)　　庁舎(ちょう しゃ)
　　　　　　警視庁(けい し ちょう) 県庁(けん ちょう)
訓 ―

□ 예문 연습

* (けいしちょう)は丸(まる)の内(うち)にある。　□□□
　경시청은 마루노우찌에 있다.
* ここに(県庁)所在地(しょざいち)がある。　□□□□
　여기에 현청소재지가 있다.
* 官庁(관청) □□□□□　　* 庁舎(청사) □□□□□

長

길 장, 어른 장(ちょう)

音 〔ちょう〕 長官(ちょう かん)　　社長(しゃ ちょう)
　　　　　　 議長(ぎ ちょう)　　会長(かい ちょう)
訓 〔ながい〕 うまのかおは長い。　말의 얼굴은 길다.

□ 예문 연습

* 父は食料品の会社の(しゃちょう)です。　□□
  아버지는 식료품 회사의 사장입니다.
* 池田さんは文化庁(長官)です。　□□□□□
  이께다 씨는 문화청 장관입니다.
* 議長(의장) □□□□　　* 会長(회장) □□□□□

張

베풀 장(ちょう)

音 〔ちょう〕 主張(しゅ ちょう)　　緊張(きん ちょう)
　　　　　　 出張(しゅっ ちょう)　拡張(かく ちょう)
訓 〔はる〕 木の根が張る。　나무뿌리가 뻗다.

□ 예문 연습

* 自分の意見を強く(しゅちょう)する。　□□
  자신의 의견을 강하게 주장하다.
* 父は(出張)していて家へ帰ってきません。　□□□□□
  아버지는 출장을 가서 집에 돌아오지 않습니다.
* 緊張(긴장) □□□□□　　* 拡張(확장) □□□□□

朝

아침 조(ちょう)

音〔ちょう〕早朝(そう ちょう)　　朝刊(ちょう かん)
　　　　　　朝会(ちょう かい)　　朝食(ちょう しょく)
訓〔あさ〕朝早く起きる。　아침 일찍 일어나다.

□ 예문 연습

* わたしは(ちょうかん)と夕刊を見る。　□□
  나는 조간과 석간을 본다.
* 毎朝七時に(朝食)をとる。　□□□□□□
  매일 아침 7시에 조식을 한다.
* 早朝(조조) □□□□□　* 朝会(조회) □□□□□

調

고를 조(ちょう)

音〔ちょう〕調査(ちょう さ)　　調整(ちょう せい)
　　　　　　強調(きょう ちょう)　　調理(ちょう り)
訓〔しらべる〕事実を調べる。　사실을 조사하다.

□ 예문 연습

* きょうから国勢(ちょうさ)が始まる。　□□
  오늘부터 국세조사가 시작된다.
* そのことを何度も言って(強調)していた。□□□□□□
  그것을 몇번이나 말하며 강조하고 있다.
* 調整(조정) □□□□□　* 調理(조리) □□□□

直 곧을 직(ちょく)

音〔ちょく〕 直接(ちょく せつ)　　直後(ちょく ご)
　　　　　 直線(ちょく せん)　　＊正直(しょう じき)

訓〔なおす〕 文章を直す。 문장을 고치다.

□ 예문 연습

＊ 山田さんは終戦(ちょくご)に生まれた。 □□
　 야마다 씨는 종전 직후 태어났다.

＊ (正直)に言ってわたしはやりたくない。 □□□□□
　 정직히 말해서 저는 하고 싶지 않다.

＊ 直接(직접) □□□□□　＊ 直線(직선) □□□□□

追 따를 추(つい)

音〔つい〕 追求(つい きゅう)　　追放(つい ほう)
　　　　　追及(つい きゅう)　　追従(つい じゅう)

訓〔おう〕 犯人を追う。 범인을 뒤쫓다

□ 예문 연습

＊ 会社は利益を(ついきゅう)するところだ。 □□
　 회사는 이익을 추구하는 곳이다.

＊ 暴力を(追放)して、安心して住める。 □□□□
　 폭력을 추방하여 안심하고 살 수 있다.

＊ 追及(추급) □□□□□　＊ 追従(추종) □□□□□

 통할 통(つい)

音〔つい〕交通(こう つう)　通信(つう しん)
　　　　普通(ふ つう)　　通路(つう ろ)
訓〔とおる〕鉄道が通る。　철도가 통하다.

☐ 예문 연습

* 地震が起って(つうしん)が不通になった。　☐☐
　지진이 일어나 통신이 불통되었다.
* (普通)、朝はパンを食べます。　☐☐☐
　보통 아침은 빵을 먹습니다.
* 交通(교통) ☐☐☐☐　　* 通路(통로) ☐☐☐

低　낮을 저(てい)

音〔てい〕最低(さい てい)　　低音(てい おん)
　　　　低気圧(てい き あつ)　高低(こう てい)
訓〔ひくい〕音が低い。　소리가 낮다.

☐ 예문 연습

* (ていきあつ)が近づいてくると天気が悪くなる。 ☐☐☐
　저기압이 가까워지면 날씨가 나빠진다.
* 二月は平均気温が(最低)になる。 ☐☐☐☐
　2월은 평균기온이 최저가 된다.
* 低音(저음) ☐☐☐☐　　* 高低(고저) ☐☐☐☐

定　정할 정(てい)

音 〔てい〕予定(よ てい)　　決定(けっ てい)
　　　　　安定(あん てい)　　指定(し てい)
訓 〔さだめる〕位置(いち)を定める。　위치를 정하다.

□ 예문 연습

* 来週(らいしゅう)、日本(にほん)へ行く(よてい)です。□□
　다음주 일본에 갈 예정입니다.

* アカデミー賞(しょう)はまだ(決定)していません。□□□□
　아카데미상은 아직 결정되지 않았습니다.

* 安定(안정)□□□□　　* 指定(지정)□□□

庭　뜰 정(てい)

音 〔てい〕家庭(か てい)　　校庭(こう てい)
　　　　　庭園(てん えん)　　庭球(てい きゅう)
訓 〔にわ〕庭に木(き)を植(う)える。　정원에 나무를 심다.

□ 예문 연습

* 学校教育(がっこうきょういく)だけではなく(かてい)教育(きょういく)も大切(たいせつ)だ。□□
　학교교육뿐만 아니라 가정교육도 소중하다.

* (校庭)に松(まつ)の木(き)が植(う)えてある。□□□□
　교정에 소나무가 심어져 있다.

* 庭園(정원)□□□□　　* 庭球(정구)□□□□□

提 끌 제(てい)

音 〔てい〕 堤案(てい あん)　　提出(てい しゅつ)
　　　　　提供(てい きょう)　　提携(てい けい)

訓 ―

□ 예문 연습

* あしたがリポートを(ていしゅつ)する日です。　□□
  내일이 리포트를 제출하는 날입니다.
* ○○会社の(提供)でお送りしました。　□□□□□
  ○○회사의 제공으로 보내드렸습니다.
* 堤案(제안) □□□□　* 提携(제휴) □□□□

程 법 정(てい)

音 〔てい〕 程度(てい ど)　　過程(か てい)
　　　　　日程(にっ てい)　　旅程(りょ てい)

訓 〔ほど〕 身の程を知れ。 분수를 알아라.

□ 예문 연습

* どんな(かてい)をとおって、決まりましたか。　□□
  어떤 과정을 통해서 결정되었습니까.
* (程度)がはなはだしく悪いです。　□□□
  정도가 몹시 나쁩니다.
* 日程(일정) □□□□　* 旅程(여정) □□□□

的 적실할 적(てき)

音〔てき〕目的(もく てき)　　的中(てき ちゅう)
　　　　　質的(しっ てき)　　国際的(こく さい てき)
訓〔まと〕的をはずす。　과녁을 빗나가다.

□ 예문 연습

* 旅行の(もくてき)は何ですか。　□□
  여행목적은 무엇입니까?
* ここで(国際的)な会議が聞かれる。　□□□□□□
  여기서 국제적인 회의가 열리다.
* 質的(질적) □□□□　　* 的中(적중) □□□□□

鉄 (鐵) 쇠철(てつ)

音〔てつ〕鉄道(てつ どう)　　製鉄(せい てつ)
　　　　　私鉄(し てつ)　　＊鉄鋼(てっ こう)
訓 —

□ 예문 연습

* 日本は(てつどう)が発達している。　□□
  일본은 철도가 발달되어 있다.
* 新日鉄は日本の(鉄鋼)の会社です。　□□□□
  신일철은 일본의 철강회사입니다.
* 製鉄(제철) □□□□　　* 私鉄(사철) □□□

天

하늘 천(てん)

音〔てん〕 天然(てん ねん)　　天皇(てん のう)
　　　　　天地(てん ち)　　　天気(てん き)

訓 ―

□ 예문 연습

* この港は(てんねん)の良港です。　□□
　이 항구는 천연의 양항(좋은 항구)입니다.
* あしたは(天気)予報を聞いて行く。　□□□
　내일은 일기예보를 듣고 가겠다.
* 天皇(천황) □□□□　　* 天地(천지) □□□

店

가게 점(てん)

音〔てん〕 商店(しょう てん)　　代理店(だい り てん)
　　　　　支店(し てん)　　　　本店(ほん てん)
訓〔みせ〕 ここは店が多い。　여기는 가게가 많다.

□ 예문 연습

* 日本銀行の(ほんてん)は東京にある。　□□
　일본은행의 본점은 동경에 있다.
* 駅のそばには(商店)が並んでいる。　□□□□□
　역 옆에는 상점이 늘여서 있다.
* 代理店(대리점) □□□□□　　* 支店(지점) □□□

点 (點) 점 점(てん)

音〔てん〕重点(じゅう てん)　焦点(しょう てん)
　　　　地点(ち てん)　　得点(とく てん)

訓 －

□ 예문 연습

* 2対3だから、あまり(とくてん)の差がない。　□□
  2대 3이니까 그다지 득점차가 없다.

* このカメラは(焦点)が合わない。　□□□□□
  이 카메라는 초점이 맞지 않는다.

* 重点(중점) □□□□□　* 地点(지점) □□□

展 펼 전(てん)

音〔てん〕発展(はっ てん)　展開(てん かい)
　　　　展示(てん じ)　　美術展(び じゅつ てん)

訓 －

□ 예문 연습

* ここでさまざまな競技が(てんかい)された。　□□
  여기에서 여러가지 경기가 전개되었다.

* ここに学生の絵が(展示)してあります。　□□□
  여기에 학생의 그림이 전시되어 있습니다.

* 発展(발전) □□□□　* 美術展(미술전) □□□□□□

転 (轉) 구를 전(てん)

- 音 〔てん〕 運転(うん てん)　　転換(てん かん)
　　　　　　移転(い てん)　　　転勤(てん きん)
- 訓 〔ころぶ〕 すべって転ぶ。　미끄러져 넘어지다.

□ 예문 연습

* (うんてん)免許はまだとっていない。　□□
  운전면허는 아직 따지 못했다.
* 映画を見て、気分を(転換)しよう。　□□□□
  영화를 보고 기분을 전환하자.
* 移転(이전) □□□　　* 転勤(전근) □□□□

伝 (傳) 전할 전(でん)

- 音 〔でん〕 伝統(でん とう)　　宣伝(せん でん)
　　　　　　伝記(でん き)　　　伝言(でん ごん)
- 訓 〔つたえる〕 よく伝えてください。　잘 전해주십시오.

□ 예문 연습

* お正月には(でんとう)的な行事が行なわれる。　□□
  설에는 전통적인 행사가 행해진다.
* 新製品を(宣伝)している。　□□□□
  신제품을 선전하고 있다.
* 伝記(전기) □□□　　* 伝言(전언) □□□□

電 번개 전(でん)

音 〔でん〕 電気(でん き)　電話(でん わ)
　　　　　電車(でん しゃ)　発電(はつ でん)
訓 ―

□ 예문 연습

* (でんき)の流(なが)れを電流(でんりゅう)という。 □□
  전기의 흐름을 전류라고 한다.
* あした朝(あさ)早(はや)く(電話)をしてください。 □□□□
  내일 아침일찍 전화를 해 주십시오.
* 電車(전차) □□□□　　* 発電(발전) □□□□

都 (都) 도읍 도(と)

音 〔と〕 都市(と し)　　都内(と ない)
　　　　都会(と かい)　*都合(つ ごう)
訓 〔みやこ〕 京(きょう)都(と)は昔(むかし)の都だ。　교토는 옛날 수도이다.

□ 예문 연습

* 日本(にほん)には人口(じんこう)百万(ひゃくまん)以上(いじょう)の(とし)が十(とお)ある。 □□
  일본에는 인구 100만 이상의 도시가 10개 있다.
* 家(いえ)の(都合)で会社(かいしゃ)を休(やす)んだ。 □□□
  집안 사정으로 회사를 쉬었다.
* 都内(도내) □□□　　* 都会(도회) □□□

土 흙 토(ど)

音〔ど〕土木(ど ぼく)　　　国土(こく ど)
　　　　土曜日(ど よう び)　＊土地(と ち)
訓〔つち〕土をふむ。　땅을 밟다.

□ 예문 연습

* 大規模の(どぼく)工事が進む。　□□
　대규모의 토목공사가 진행되다.
* 家を建てたいので(土地)を買った。　□□
　집을 짓고 싶어서 토지를 샀다.
* 国土(국토) □□□　＊ 土曜日(토요일) □□□□

度 법도 도(ど)

音〔ど〕態度(たい ど)　　年度(ねん ど)
　　　　制度(せい ど)　　知名度(ち めい ど)
訓　一

□ 예문 연습

* 野村さんは平成3(ねんど)に卒業した。　□□
　노무라 씨는 平成 3년에 졸업했다.
* 金さんはここでいちばん(知名度)が高い。　□□□□
　김씨는 여기서 가장 지명도가 높다.
* 態度(태도) □□□　＊ 制度(제도) □□□

当 (當) 마땅할 당(とう)

音 〔とう〕 当局(とう きょく)　　当然(とう ぜん)
　　　　　担当(たん とう)　　　当時(とう じ)

訓 〔あてる〕 日に当てる。 햇빛에 쬐다.

□ 예문 연습

* その事件の経過を(とうきょく)が発表した。 □□
  그 사건의 경과를 당국이 발표했다.
* わたしはこの学校で英語を(担当)している。 □□□□
  나는 이 학교에서 영어를 담당하고 있다.
* 当然(당연) □□□□　　* 当時(당시) □□□

投 던질 투(とう)

音 〔とう〕 投資(とう し)　　　投手(とう しゅ)
　　　　　投書(とう しょ)　　投票(とう ひょう)

訓 〔なげる〕 石を投げる。 돌을 던지다.

□ 예문 연습

* 国会議員は国民の(とうひょう)で決める。 □□
  국회의원은 국민의 투표로 정한다.
* わたしもこの会社に(投資)しました。 □□□
  저도 이 회사에 투자했습니다.
* 投手(투수) □□□□　　* 投書(투서) □□□□

東　동녘 동(とう)

音〔とう〕東西(とう ざい)　　東南(とう なん)
　　　　　北東(ほく とう)　　東洋(とう よう)
訓〔ひがし〕東アジア　　동아시아

□ 예문 연습

* 日本では、冬は(ほくとう)の風がふく。　□□
  일본에서는 겨울에는 북동풍이 분다.
* (東洋)文化と西洋文化。　□□□□
  동양문화와 서양문화.
* 東西(동서)　□□□□　　* 東南(동남)　□□□□

討　칠 토(とう)

音〔とう〕検討(けん とう)　　討議(とう ぎ)
　　　　　討論(とう ろん)　　討伐(とう ばつ)
訓〔うつ〕敵を討つ。　적을 치다.

□ 예문 연습

* この計画はどうか(けんとう)してください。　□□
  이 계획은 어떤지 검토해 주십시오.
* 国会でその問題について(討議)する。　□□□
  국회에서 그 문제에 대해서 토의하다.
* 討論(토론)　□□□□　　* 討伐(토벌)　□□□□

党 (黨) 무리 당(とう)

音 〔とう〕 野党(や とう)　　与党(よ とう)
　　　　　政党(せい とう)　　党派(とう は)

訓 ―

□ 예문 연습

* 政府が出した法案を(やとう)が反対した。　□□
　정부가 낸 법안을 야당이 반대했다.
* あの(政党)は農民に強く支持されている。　□□□□
　그 정당은 농민에게 강하게 지지받고 있다.
* 与党(여당) □□□　　* 党派(당파) □□□

登 오를 등(とう)

音 〔とう〕 登場(とう じょう)　　登録(とう ろく)
　　　　　登記(とう き)　　＊登山(と ざん)

訓 〔のぼる〕 山に登る。　산에 오르다.

□ 예문 연습

* とうとう主人公が(とうじょう)した。　□□
　드디어 주인공이 등장했다.
* 山を(登山)する人は、今ごろがとくに多い。　□□□
　산을 등산하는 사람은 지금이 특히 많다.
* 登録(등록) □□□□　　* 登記(등기) □□□

答   대답할 답(とう)

音〔とう〕 答信(とう しん)　　回答(かい とう)
　　　　　答弁(とう べん)　　応答(おう とう)
訓〔こたえる〕質問に答える。　질문에 대답하다.

□ 예문 연습

* 国会でその問題について首相が(とうべん)した。　□□
　국회에서 그 문제에 대해서 수상이 답변했다.
* 委員会からの(答申)を待っている。　□□□□
　위원회에서 올 답신을 기다리고 있다.
* 回答(회답) □□□□　　* 応答(응답) □□□□

統   거느릴 통(とう)

音〔とう〕 統一(とう いつ)　　　　伝統(でん とう)
　　　　　大統領(だい とう りょう)　統治(とう ち)
訓 ―

□ 예문 연습

* 国民は南北(とういつ)を願っている。　□□
　국민은 남북통일을 원하고 있다.
* (大統領)は統率力が必要だ。　□□□□□□□
　대통령은 통솔력이 필요하다.
* 伝統(전통) □□□□　　* 統治(통치) □□□

頭　머리 두(とう)

音〔とう〕先頭(せん とう)　　店頭(てん とう)
　　　　台頭(たい とう)　　＊頭脳(ず のう)
訓〔あたま〕頭がいい。 머리가 좋다.

□ 예문 연습

＊ 花屋さんの(てんとう)に春の花がかざってある。 □□
　꽃가게의 점포 앞에 봄꽃이 장식되어 있다.
＊ 学者が外国へ行くのを(頭脳)流出という。 □□□
　학자가 외국에 가는 것을 두뇌유출이라고 한다.
＊ 先頭(선두) □□□□　　＊ 台頭(대두) □□□□

同　한가지 동(どう)

音〔どう〕共同(きょう どう)　　同時(どう じ)
　　　　同窓(どう そう)　　合同(ごう どう)
訓〔おなじ〕これとこれは同じだ。 이것과 이것은 같다.

□ 예문 연습

＊ かれは医者であると(どうじ)に小説家である。 □□
　그는 의사인 동시에 소설가이다.
＊ この家は三人が(共同)で住んでいる。 □□□□
　이 집은 세사람이 공동으로 살고 있다.
＊ 同窓(동창) □□□□　　＊ 合同(합동) □□□□

動 움직일 동(どう)

- 音 〔どう〕 運動(うん どう)　自動(じ どう)
  　　　　活動(かつ どう)　行動(こう どう)
- 訓 〔うごく〕 エンジンが動く。 엔진이 움직이다.

□ 예문 연습

* 公害反対の 住民(うんどう)がおこった。 □□
  공해반대의 주민운동이 일어났다.
* 変な(行動)をする。 スパイかもしれない。 □□□□
  이상한 행동을 한다. 스파이인지도 모른다.
* 自動(자동) □□□　* 活動(활동) □□□□

働
*일본에서 만들어진 한자임.

- 音 〔どう〕 労働(ろう どう)　実働(じつ どう)
- 訓 〔はたらく〕 工場で働く。 공장에서 일하나.

□ 예문 연습

* 一日八時間の(ろうどう)で月給はいくらですか。 □□
  하루 8시간 노동에 월급은 얼마입니까?
* (実働)時間は6時間です。 □□□□
  실제 노동시간은 6시간입니다.

道　길 도(どう)

- 音 〔どう〕道路(どう ろ)　報道(ほう どう)
　　　　　道具(どう ぐ)　鉄道(てつ どう)
- 訓 〔みち〕道を歩く。 길을 걷다.

□ 예문 연습

* (どうろ)がいいので、車で行くと気持ちがいい。 □□
  도로가 좋아서 차로 가면 기분이 좋다.
* 日本の(鉄道)は時間が正確だ。 □□□□
  일본의 철도는 시간이 정확하다.
* 報道(보도) □□□□　* 道具(도구) □□□

導　인도할 도(どう)

- 音 〔どう〕指導(し どう)　導入(どう にゅう)
　　　　　善導(ぜん どう)　導火線(どう か せん)
- 訓 〔みちびく〕広間に導く。 큰 방으로 안내하다.

□ 예문 연습

* 先生の(しどう)をうけて書道をやっている。 □□
  선생님의 지도를 받고 서도를 하고 있다.
* 先進外国の技術を(導入)する。 □□□□□
  선진외국의 기술을 도입하다.
* 善導(선도) □□□□　* 導火線(도화선) □□□□□

特

특별할 특(とく)

音〔とく〕特別(とく べつ)　　特派(とく は)
　　　　特集(とく しゅう)　　特殊(とく しゅ)

訓 ー

□ 예문 연습

* あの雑誌（ざっし）は正月料理（しょうがつりょうり）の(とくしゅう)です。　□□
  저 잡지는 정월요리의 특집입니다.
* (特派)員の報告（ほうこく）によりますと。　□□□
  특파원의 보고에 의하면.
* 特別(특별) □□□□　　* 特殊(특수) □□□□

得

얻을 득(とく)

音〔とく〕所得(しょ とく)　　獲得(かく とく)
　　　　設得(せっ とく)　　得点(とく てん)
訓〔える〕利益（りえき）を得る。　이익을 얻다.

□ 예문 연습

* 代表（だいひょう）になるように、彼（かれ）を(せっとく)した。　□□
  대표가 되도록 그를 설득했다.
* 金（きん）メダルをいくつ(獲得)できるだろうか。　□□□□
  금메달을 몇 개 획득할 것인가.
* 所得(소득) □□□□　　* 得点(득점) □□□□

読 (讀) 읽을 독(どく)

音〔どく〕読者(どく しゃ)　　読書(どく しょ)
　　　　　講読(こう どく)　　＊読本(とく ほん)
訓〔よむ〕本を読む。책을 읽다.

□ 예문 연습

＊ (どくしゃ)の立場で本を書きました。　□□
　　독자의 입장에서 책을 썼습니다.
＊ 秋は(読書)の季節です。　□□□□
　　가을은 독서의 계절입니다.
＊ 講読(강독) □□□□　　＊ 読本(독본) □□□□

突 (突) 부딪칠 돌(とつ)

音〔とつ〕衝突(しょう とつ)　　突然(とつ ぜん)
　　　　　激突(げき とつ)　　＊突発(とっ ぱつ)
訓〔つく〕意表を突く。의표를 찌르다.

□ 예문 연습

＊ 電車と車が(しょうとつ)して、人が死んだ。　□□
　　전차와 차가 충돌하여 사람이 죽었다.
＊ 昔の友だちから(突然)手紙をもらった。　□□□□
　　옛 친구로부터 갑자기 편지를 받았다.
＊ 激突(격돌) □□□□　　＊ 突発(돌발) □□□□

な行으로 읽는 한자음

ない	内		にん	認	
なん	南 難		ねつ	熱	
にく	肉		ねん	年 念	
にち	日		のう	能 農	
にゅう	入 乳				

は行으로 읽는 한자음

は	派		ぶ	武 部	
ば	馬		ふう	風 福	
はい	配		ふく	服 福	
ばい	売 買		ぶつ	物	
はく	白 爆		ぶん	分 文 聞	
はつ	発		へい	平 兵	
はん	反 半 判		べい	米	
ばん	番		べつ	別	
ひ	非 飛 費		へん	変 編	
び	美 備		ほ	歩 保 補	
ひつ	必		ほう	方 放 法 訪 報	
ひゃく	百		ぼう	防 望	
ひょう	表 評		ほく	北	
びょう	病		ぼく	木	
ひん	品		ほん	本	
ふ	不 富 夫 付 府 負 婦				

内   안 내(ない)

音〔ない〕内容(ない よう)　内閣(ない かく)
　　　　　国内(こく ない)　内部(ない ぶ)
訓〔うち〕寒(さむ)いから内で遊(あそ)ぶ。 추워서 안에서 놀다.

☐ 예문 연습

* この文章(ぶんしょう)の(ないよう)を説明(せつめい)してください。 ☐☐
  이 문장의 내용을 설명해 주십시오.
* 国会(こっかい)が解散(かいさん)して、(内閣)がかわった。 ☐☐☐☐
  국회가 해산되어 내각이 바뀌었다.
* 国内(국내) ☐☐☐☐　　* 内部(내부) ☐☐☐

南   남녘 남(なん)

音〔なん〕東南(とう なん)　南極(なん きょく)
　　　　　南北(なん ぼく)　南方(なん ぽう)
訓〔みなみ〕南風(みなみかぜ)がふく。 남풍이 불다.

☐ 예문 연습

* (とうなん)アジアの経済(けいざい)が発展(はってん)している。 ☐☐
  동남아시아의 경제가 발전하고 있다.
* 国民(こくみん)は(南北)統一(とういつ)を祈(いの)っている。 ☐☐☐☐
  국민은 남북통일을 기원하고 있다.
* 南極(남극) ☐☐☐☐☐　　* 南方(남방) ☐☐☐☐

難 (難) 어려울 난(なん)

音〔なん〕遭難(そう なん)　非難(ひ なん)
　　　　困難(こん なん)　難解(なん かい)
訓〔むずかしい〕英語(えいご)は難しい。 영어는 어렵다.

□ 예문 연습

* 兄(あに)は冬(ふゆ)の山(やま)で(そうなん)して死(し)にました。　□□
　형은 겨울산에서 조난당하여 죽었습니다.

* かってなことをすれば、みんなが(非難)する。　□□□
　제멋대로 행동을 하면 모두가 비난한다.

* 困難(곤란) □□□□　　* 難解(난해) □□□□

肉　고기 육(にく)

音〔にく〕筋肉(きん にく)　食肉(しょく にく)
　　　　肉親(にく しん)　牛肉(ぎゅう にく)
訓

□ 예문 연습

* あの牛(うし)は(しょくにく)用(よう)の牛(うし)です。　□□
　저 소는 식육용의 소입니다.

* マラソンをすると足(あし)の(筋肉)が発達(はったつ)する。　□□□□
　마라톤을 하면 다리의 근육이 발달한다.

* 肉親(육친) □□□□　　* 牛肉(쇠고기) □□□□□

日　　날 일(にち)

音　① 〔にち〕 毎日(まい にち)　　日曜(にち よう)
　　② 〔じつ〕 平日(へい じつ)　　前日(ぜん じつ)
訓　〔ひ〕 日がのぼる。　해가 뜨다.

□ 예문 연습

* わたしは(まいにち)少しずつ運動しています。　□□
  나는 매일 조금씩 운동하고 있습니다.
* 試験の(前日)の図書館は人でいっぱいだ。　□□□□
  시험 전날의 도서관은 사람들로 가득찬다.
* 日曜(일요) □□□□　　* 平日(평일) □□□□

入　　들 입(にゅう)

音　〔にゅう〕 輸入(ゆ にゅう)　　入学(にゅう がく)
　　　　　　 収入(しゅう にゅう)　入社(にゅう しゃ)
訓　〔はいる〕 中に入る。　안에 들어가다.

□ 예문 연습

* 韓国は石油をたくさん(ゆにゅう)している。　□□
  한국은 석유를 많이 수입하고 있다.
* 住宅費が(収入)半分以上になる。　□□□□□□
  주택비가 수입의 절반 이상이 된다.
* 入学(입학) □□□□□　　* 入社(입사) □□□□□

乳 젖 유(にゅう)

音〔にゅう〕牛乳(ぎゅう にゅう)　母乳(ぼ にゅう)
　　　　　乳児(にゅう じ)　　豆乳(とう にゅう)
訓〔うち〕母の乳を飲む。 엄마 젖을 먹다.

☐ 예문 연습

* (ぎゅうにゅう)は体にいい飲み物だ。　☐☐
　우유는 몸에 좋은 음료이다.
* 赤ちゃんには牛乳より(母乳)がいい。　☐☐☐☐
　아기에게는 우유보다 모유가 좋다.
* 乳児(유아)　☐☐☐☐　　* 豆乳(두유)　☐☐☐☐☐

任 맡길 임(にん)

音〔にん〕責任(せき にん)　　就任(しゅう にん)
　　　　　任命(にん めい)　　任務(にん む)
訓〔まかせる〕わたしに任せる。 나에게 맡기다.

☐ 예문 연습

* 野村さんは(せきにん)感が強い人だ。　☐☐
　노무라 씨는 책임감이 강한 사람이다.
* 社長に(就任)したのは二年前だ。　☐☐☐☐☐
　사장에 취임한 것은 2년전이다.
* 任命(임명)　☐☐☐☐　　* 任務(임무)　☐☐☐

認 인정할 인(にん)

音〔にん〕 確認(かく にん)　承認(しょう にん)
　　　　　公認(こう にん)　認識(にん しき)
訓〔みとめる〕 事実を認める。 사실을 인정하다.

□ 예문 연습

* 国会(しょうにん)がなければ予算がきまらない。□□
  국회의 승인이 없으면 예산이 결정되지 않는다.
* よく(確認)してから書名してください。□□□□
  잘 확인하고 나서 서명하십시오.
* 公認(공인) □□□□　　* 認識(인식) □□□□

熱 더울 열(ねつ)

音〔ねつ〕　熱意(ねつ い)　　情熱(じょう ねつ)
　　　　　＊熱心(ねっ しん)　＊熱帯(ねっ たい)
訓〔あつい〕 からだが熱い。 몸이 뜨겁다.

□ 예문 연습

* (ねっしん)に演習したので、試合に勝った。□□
  열심히 연습했기 때문에 시합에 이겼다.
* その仕事に対する(熱意)にかんしんする。□□□□
  그 일에 대한 열의에 감탄하다.
* 情熱(정열) □□□□□　　* 熱帯(열대) □□□□

年 해 년(ねん)

音〔ねん〕 昨年(さく ねん)　少年(しょう ねん)
　　　　 年齢(ねん れい)　新年(しん ねん)
訓〔とし〕 年を取る。 나이를 먹다.

□ 예문 연습

* (さくねん)四月から日本に住んでいます。 □□
  작년 4월부터 일본에 살고 있습니다.
* ウィンから(少年)合唱団が来た。 □□□□□
  빈에서 소년합창단이 있다.
* 年齢(연령) □□□□　* 新年(신년) □□□□

念 생각할 념(ねん)

音〔ねん〕 記念(き ねん)　　念願(ねん がん)
　　　　 信念(しん ねん)　残念(ざん ねん)
訓 ―

□ 예문 연습

* きょうはわたしたちの結婚(きねん)日だ。 □□
  오늘은 우리들의 결혼기념일이다.
* 試験に失敗してほんとうに(残念)だ。 □□□□
  시험에 실패해서 정말 유감이다.
* 念願(염원) □□□□　* 信念(신념) □□□□

能 능할 능(のう)

音〔のう〕 可能(か のう)　能力(のう りょく)
　　　　　機能(き のう)　能率(のう りつ)
訓 ―

□ 예문 연습

* これはこどもがやるには不(かのう)です。 □□
  이걸 아이가 하기에는 불가능합니다.
* 自分(じぶん)の(能力)を生(い)かせる会社(かいしゃ)です。 □□□□□
  자신의 능력을 살릴 수 있는 회사입니다.
* 機能(기능) □□□　* 能率(능률) □□□□

農 농사 농(のう)

音〔のう〕 農民(のう みん)　農業(のう ぎょう)
　　　　　農村(のう そん)　農産物(のう さん ぶつ)
訓 ―

□ 예문 연습

* 昔(むかし)、(のうみん)の生活(せいかつ)はほんとうに苦(くる)しかった。 □□
  옛날 농민의 생활은 정말 힘들었다.
* 父(ちち)は昔(むかし)から(農業)をやっています。 □□□□□
  아버지는 옛부터 농사를 짓고 있습니다.
* 農村(농촌) □□□□　* 農産物(농산물) □□□□□□

派 　물갈레 파(は)

音〔は〕派遣(は けん)　派閥(は ばつ)
　　　　派生(は せい)　特派員(とく は いん)
訓 ―

□ 예문 연습

* 海外(とくはいん)からのニュースです。　□□□
　해외 특파원으로부터의 뉴스입니다.
* 漁業問題で、政府は特使を(派遣)した。　□□□
　어업문제로 정부는 특사를 파견했다.
* 派閥(파벌)　□□□　　* 派生(파생)　□□□

馬 　말 마(ば)

音〔ば〕競馬(けい ば)　馬車(ば しゃ)
　　　　馬力(ば りき)　乗馬(じょう ば)
訓〔うま〕馬に乗る。　말을 타다.

□ 예문 연습

* (けいば)を見に東京競馬場へ行った。　□□
　경마를 보러 동경경마장에 갔다.
* (乗馬)は高級なスポーツだ。　□□□
　승마는 고급스포츠이다.
* 馬車(마차)　□□□　　* 馬力(마력)　□□□

配 짝 배(はい)

音 〔はい〕 支配(しはい)　　　　配置(はいち)
　　　　　配色(はいしょく)　＊心配(しんぱい)

訓 ―

□ 예문 연습

＊ 韓国は日本に(しはい)されたことがある。 □□
　한국은 일본에 지배받은 적이 있다.

＊ こんどの試験の結果が(心配)だ。 □□□□
　이번 시험결과가 걱정이다.

＊ 配置(배치) □□□　　＊ 配色(배색) □□□□□

売 (賣) 팔 매(ばい)

音 〔ばい〕 発売(はつばい)　　販売(はんばい)
　　　　　売店(ばいてん)　　売買(ばいばい)

訓 〔うる〕 テレビを売る。　텔레비전을 팔다.

□ 예문 연습

＊ 新しいたばこが(はつばい)になった。 □□
　새로운 담배가 발매가 되었다.

＊ たばこはこの店しか(販売)できない。 □□□□
　담배는 이 가게밖에 판매할 수 없다.

＊ 売店(매점) □□□□　　＊ 売買(매매) □□□□

買   살 매(ばい)

音〔ばい〕買収(ばい しゅう)　　購買(こう ばい)
　　　　競買(きょう ばい)　　売買(ばい ばい)
訓〔か う〕本を買う。 책을 사다.

□ 예문 연습

* ピストルの(ばいばい)は禁じられている。 □□
  권총 판매는 금지되어 있다.
* 選挙では(買収)が禁じられている。 □□□□□
  선거에서는 매수가 금지되어 있다.
* 購買(구매) □□□□　　* 競買(경매) □□□□□

白   흰 백(はく)

音〔はく〕白人(はく じん)　　白書(はく しょ)
　　　　明白(めい はく)　　告白(こく はく)
訓〔しろい〕雪が白い。 눈은 하얗다.

□ 예문 연습

* ヨーロッパには(はくじん)が多い。 □□
  유럽에는 백인이 많다.
* 今年の経済(白書)を発行した。 □□□□
  금년의 경제백서를 발행했다.
* 明白(명백) □□□□　　* 告白(고백) □□□□

爆 폭발할 폭(ばく)

音 〔ばく〕 原爆(げん ばく)　爆撃(ばく げき)
　　　　　　爆発(ばく はつ)　爆弾(ばく だん)

訓 ―

□ 예문 연습

* ガスが(ばくはつ)して大ぜいの人が死んだ。□□
　가스가 폭발하여 많은 사람이 죽었다.
* (原爆)の実験を禁止する。□□□□
　원폭실험을 금지하다.
* 爆撃(폭격) □□□□　　* 爆弾(폭탄) □□□□

発 (發) 필 발(はつ)

音 〔はつ〕　開発(かい はつ)　　発明(はつ めい)
　　　　　＊発展(はっ てん)　＊発表(はっ ぴょう)

訓 ―

□ 예문 연습

* アメリカはアラスカの石油を(かいはつ)している。□□
　미국은 알래스카의 석유를 개발하고 있다.
* あした試験の結果を(発表)する。□□□□□
　내일 시험결과를 발표한다.
* 発明(발명) □□□□　　* 発展(발전) □□□□

反  돌이킬 반(はん)

音 〔はん〕 反対(はん たい)　　違反(い はん)
　　　　　反発(はん ぱつ)　　反省(はん せい)
訓 〔そる〕 板が反る。　판자가 휘다.

□ 예문 연습

* 交通(いはん)で罰金をとられた。 □□
  교통위반으로 벌금을 물었다.
* こんどの法案は国民の(反発)が強い。 □□□□
  이번 법안은 국민의 반대가 강하다.
* 反対(반대) □□□□　　* 反省(반성) □□□□

半 (半) 짝 반(はん)

音 〔はん〕 半経(はん けい)　　後半(こう はん)
　　　　　半島(はん とう)　　半分(はん ぶん)
訓 〔なかば〕 半ば成功した。　절반 성공했다.

□ 예문 연습

* あの映画は前半より(こうはん)がおもしろい。 □□
  그 영화는 전반보다 후반이 재미있다.
* これで全行程の(半分)まできた。 □□□□
  이것으로 전노정의 반까지 왔다.
* 半径(반경) □□□□　　* 半島(반도) □□□□

判

 (判) 판단할 판(はん)

音 〔はん〕 批判(ひ はん)　　判断(はん だん)
　　　　判決(はん けつ)　＊裁判(さい ばん)

訓 ―

□ 예문 연습

＊ 政府の発表に(ひはん)の声が高い。　□□
　　정부발표에 비판의 목소리가 높다.

＊ (裁判)長は判決の理由をのべる。　□□□□
　　재판장은 판결의 이유를 말하다.

＊ 判断(판단) □□□□　　＊ 判決(판결) □□□□

番

차례 번(ばん)

音 〔ばん〕 番号(ばん ごう)　　順番(じゅん ばん)
　　　　交番(こう ばん)　　番組(ばん ぐみ)

訓 ―

□ 예문 연습

＊ ここにあなたの(ばんごう)を書いてください。　□□
　　여기에 당신의 번호를 쓰십시오.

＊ このテレビの(番組)はあまりおもしろくない。　□□□□
　　이 텔레비전 프로그램은 별로 재미없다.

＊ 順番(순번) □□□□□　　＊ 交番(파출소) □□□□

非　아닐 비(ひ)

音〔ひ〕非常(ひ じょう)　　非難(ひ なん)
　　　　是非(ぜ ひ)　　　非常識(ひ じょう しき)
訓　ー

□ 예문 연습

* あの映画は(ひじょう)におもしろい。　□□
　그 영화는 매우 재미있다.
* それは(非常識)的な行動だ。　□□□□□□
　그건 비상식적인 행동이다.
* 非難(비난)　□□□　　* 是非(시비)　□□□□

飛　날 비(ひ)

音〔ひ〕飛行(ひ こう)　　飛躍(ひ やく)
　　　　飛散(ひ さん)　　雄飛(ゆう ひ)
訓〔とぶ〕鳥が空を飛ぶ。　새가 하늘을 날다.

□ 예문 연습

* ジェット機は低空(ひこう)はしない。　□□
　제트기는 저공비행은 하지 않는다.
* 韓国の経済は(飛躍)的に発展した。　□□□
　한국의 경제는 비약적으로 발전했다.
* 飛散(비산)　□□□　　* 雄飛(웅비)　□□□

費 소비할 비(ひ)

音 〔ひ〕 消費(しょうひ)　　会費(かいひ)
　　　　費用(ひよう)　　　人件費(じんけんひ)
訓 〔ついやす〕 努力を費やす。 노력을 낭비하다.

□ 예문 연습

* 品物は(しょうひ)者の立場で作る。 □□
　상품은 소비자의 입장에서 만든다.

* (費用)がたくさんかかるので、行けない。 □□□
　비용이 많이 들어서 갈 수 없다.

* 会費(회비) □□□　　* 人件費(인건비) □□□□□

美 아름다울 미(び)

音 〔び〕 美術(びじゅつ)　　美容(びよう)
　　　　美人(びじん)　　　賛美(さんび)
訓 〔うつくしい〕 美しい花です。 아름다운 꽃입니다.

□ 예문 연습

* (びよう)院へ行ってかみを切る。 □□
　미용원에 가서 머리를 깎다.

* (美術)館にたくさんの絵がかけてある。 □□□□
　미술관에 많은 그림이 걸려 있다.

* 美人(미인) □□□　　* 賛美(찬미) □□□

備 갖출 비(び)

- 音 〔び〕 設備(せつ び)　　整備(せい び)
　　　　準備(じゅん び)　　守備(しゅ び)
- 訓 〔そなえる〕 万一に備える。 만일에 대비하다.

□ 예문 연습

* あの工場は近代的な(せつび)がととのえている。 □□
  저 공장은 근대적인 설비가 갖추어져 있다.
* 飛行機の(整備)が終ってから、出発する。 □□□
  비행기 정비가 끝나고 나서 출발한다.
* 準備(준비) □□□□　　* 守備(수비) □□□

必 반드시 필(ひつ)

- 音 〔ひつ〕　必要(ひつ よう)　*必勝(ひっ しょう)
　　　　*必死(ひっ し)　*必修(ひっ しゅう)
- 訓 〔かならず〕 必ず行きます。 반드시 가겠습니다.

□ 예문 연습

* 外国へ行くなら、パスポートが(ひつよう)です。 □□
  외국에 간다면 여권이 필요합니다.
* 大切な試験なので(必死)に勉強した。 □□□
  중요한 시험이어서 필사적으로 공부했다.
* 必勝(필승) □□□□□　　* 必修(필수) □□□□□

　　　일백 백(ひゃく)

音〔ひゃく〕百円(ひゃく えん)　百年(ひゃく ねん)
　　　　　　百科(ひゃっ か)　百貨店(ひゃっ か てん)

訓 －

□ 예문 연습

* 図書舘で(ひゃっか)事典を引く。　□□
　도서관에서 백과사전을 찾다.
* ここが日本でいちばん大きい(百貨店)だ。　□□□□
　여기가 일본에서 가장 큰 백화점이다.
* 百円(백엔) □□□□□　* 百年(백년) □□□□□

表　　　거죽 표(ひょう)

音〔ひょう〕代表(だい ひょう)　表明(ひょう めい)
　　　　　　表情(ひょう じょう)　*発表(はっ ぴょう)

訓 －

□ 예문 연습

* 首相が国会で自分の考えを(ひょうめい)した。　□□
　수상이 국회에서 자신의 생각을 표명했다.
* あした入学試験の結果が(発表)された。　□□□□□
　내일 입학시험의 결과가 발표되었다.
* 代表(대표) □□□□□　* 表情(표정) □□□□□□

評

평론할 평(ひょう)

音 〔ひょう〕 好評(こう ひょう)　　評価(ひょう か)
　　　　　　評論(ひょう ろん)　　総評(そう ひょう)

訓 ―

□ 예문 연습

* かぶきのアメリカ公演は(こうひょう)だった。　□□
  가부끼의 미국공연은 호평이었다.
* 新聞にその小説の(論評)がついていた。　□□□□
  신문에 그 소설의 논평이 나와 있었다.
* 評価(평가) □□□□　　* 総評(총평) □□□□□

病

병들 병(びょう)

音 〔びょう〕 病気〔びょう き〕 伝染病〔でん せん びょう〕
　　　　　　病院(びょう いん)　*疾病(しっ ぺい)
訓 〔やまい〕 病があつい。　병이 위독하다.

□ 예문 연습

* 彼の(びょうき)はとても重いそうだ。　□□
  그의 병은 매우 깊다고 한다.
* 友達が病気で(病院)へ入院した。　□□□□□
  친구가 병으로 병원에 입원했다.
* 伝染病(전염병) □□□□□□□　* 疾病(질병) □□□□

品   품수 품(ひん)

音 〔ひん〕 品質(ひん しつ)　　作品(さく ひん)
　　　　製品(せい ひん)　　商品(しょう ひん)
訓 〔しな〕 品切(しな ぎ)れです。 품절입니다.

□ 예문 연습

* このカメラは(ひんしつ)を保証(ほしょう)します。 □□
  이 카메라는 품질을 보증합니다.
* (商品)には、全部(ぜんぶ)値段(ねだん)がつけてある。 □□□□□
  상품에는 전부 가격이 붙어 있다.
* 作品(작품) □□□□　　* 製品(제품) □□□□

不   아니 불, 아닐 부(ふ)

音 〔ふ〕 不安(ふ あん)　　　不足(ふ そく)
　　　　不動産(ふ どう さん)　不況(ふ きょう)
訓 －

□ 예문 연습

* きょうはなんだか(ふあん)な感(かん)じがする。 □□
  오늘은 왠지 불안한 느낌이 든다.
* この手紙(てがみ)は重(おも)いから料金(りょうきん)が五十円(ごじゅうえん)(不足)だ。 □□□
  이 편지는 무거우니까 요금이 50엔 부족하다.
* 不況(불황) □□□□　　* 不動産(부동산) □□□□□

夫　사내 부(ふ)

音〔ふ〕夫人(ふ じん)　　夫妻(ふ さい)
　　　漁夫(ぎょ ふ)　＊夫婦(ふう ふ)
訓〔おっと〕夫をうしなう。　남편을 잃다.

☐ 예문 연습

＊皇太子(ふさい)がご訪問する。　☐☐
　황태자부처가 방문하다.

＊あの(夫婦)はよくけんかをする。　☐☐☐☐
　저 부부는 자주 싸움을 한다.

＊夫人(부인)☐☐☐　＊漁夫(어부)☐☐☐

付　줄 부(ふ)

音〔ふ〕付近(ふ きん)　　付属(ふ ぞく)
　　　寄付(き ふ)　　　付加(ふ か)
訓　—

☐ 예문 연습

＊駅の(ふきん)には商店がたくさんある。　☐☐
　역 부근에는 상점이 많이 있다.

＊かれは大学の(付属)病院に入院した。　☐☐☐
　그는 대학부속병원에 입원했다.

＊寄付(기부)☐☐　＊付加(부가)☐☐

府 마을 부(ふ)

- 音 〔ふ〕 政府(せい ふ)　幕府(ばく ふ)
　　　　首府(しゅ ふ)　府庁(ふ ちょう)
- 訓 ―

□ 예문 연습

* 日本では、お米の値段は(せいふ)が決める。　□□
　일본에서는 쌀가격은 정부가 정한다.
* 日本の(府庁)は大阪府と京都府がある。　□□□□
　일본의 부청(직할시청)은 오사까와 교토부가 있다.
* 幕府(막부)　□□□　* 首府(수부)　□□□

負 짐질 부(ふ)

- 音 〔ふ〕 負担(ふ たん)　負傷(ふ しょう)
　　　　負数(ふ すう)　*勝負(しょう ぶ)
- 訓 〔まける〕 試合に負ける。 시합에 지다.

□ 예문 연습

* この仕事は私には(ふたん)が重すぎる。　□□
　이 일은 나에게는 부담이 너무 크다.
* 両方とも強くてなかなか(勝負)がつかない。　□□□□
　양쪽 모두 강해서 좀처럼 승부가 나지 않는다.
* 負傷(부상)　□□□□　* 負数(부수)　□□□

婦 (婦) 며느리 부(ふ)

音〔ふ〕 婦人(ふ じん)　主婦(しゅ ふ)
　　　＊夫婦(ふう ふ)　看護婦(かん ご ふ)
訓 ―

□ 예문 연습

＊ 戦後(ふじん)参政権が認められた。□□
　전후 부인(여성) 참정권이 인정되었다.
＊ パートタイムで働きに出る(主婦)が多い。□□□
　파트타임으로 일하러 나가는 주부가 많다.
＊ 夫婦(부부) □□□　＊ 看護婦(간호부) □□□□

富 부자 부(ふ)

音〔ふ〕豊富(ほう ふ)　　富強(ふ きょう)
　　　富貴(ふ き)　　＊貧富(ひん ぷ)
訓〔とむ〕才能が富む。　재능이 풍부하다.

□ 예문 연습

＊ 中国は地下資源が(ほうふ)だ。□□
　중국은 지하자원이 풍부하다.
＊ 韓国は今も(貧富)の差がはげしい。□□□
　한국은 지금도 빈부의 차가 심하다.
＊ 富強(부강) □□□□　＊ 富貴(부귀) □□

武 　호반 무(ぶ)

音〔ぶ〕武士(ぶ し)　武装(ぶ そう)
　　　武器(ぶ き)　武力(ぶ りょく)
訓 ー

□ 예문 연습

* (ぶそう)した兵隊(へいたい)が戦場(せんば)へむかった。□□
  무장한 병대가 전장으로 향했다.
* 戦争(せんそう)が起(お)これば、(武器)を輸入(ゆにゅう)する。□□
  전쟁이 일어나면 무기를 수입한다.
* 武士(무사)　□□　　* 武力(무력)　□□□□

部 　떼 부(ぶ)

音〔ぶ〕部分(ぶ ぶん)　幹部(かん ぶ)
　　　全部(ぜん ぶ)　学部(がく ぶ)
訓 ー

□ 예문 연습

* 日(ひ)があたる(ぶぶん)にある木(き)は元気(げんき)がいい。□□
  해가 비치는 부분에 있는 나무는 활기가 있다.
* 一晩(ひとばん)で宿題(しゅくだい)を(全部)やってしまった。□□□
  하룻밤에 숙제를 전부 해버렸다.
* 幹部(간부)　□□□　　* 学部(학부)　□□□

風   바람 풍(ふう)

音〔ふう〕台風(たい ふう)　風景(ふう けい)
　　　　風速(ふう そく)　家風(か ふう)
訓〔かぜ〕風がふく。 바람이 불다.

□ 예문 연습

* 夏には(たいふう)が多いです。　□□
  여름에는 태풍이 많습니다.
* 台風で、(風速)30メートルの風がふいた。　□□□□
  태풍으로 풍속 30미터의 바람이 불었다.
* 風景(풍경) □□□□　　* 家風(가풍) □□□

服   옷 복(ふく)

音〔ふく〕洋服(よう ふく)　服装(ふく そう)
　　　　征服(せい ふく)　服従(ふく じゅう)
訓 ―

□ 예문 연습

* 着物より(ようふく)のほうが便利だ。　□□
  기모노보다 양복이 편리하다.
* 軍隊では命令に(服従)すべきだ。　□□□□□
  군대에서는 명령에 복종해야 한다.
* 服装(복장) □□□□　　* 征服(정복) □□□□

福 (福) 복 복(ふく)

音 〔ふく〕 幸福(こう ふく)　　福祉(ふく し)
　　　　　福利(ふく り)　　　福音(ふく いん)
訓 ―

□ 예문 연습

* スウェーデンは(ふくし)がすすんだ国(くに)だ。□□
　ス웨덴은 복지가 발달한 나라다.
* この小説(しょうせつ)は(幸福)な王子(おうじ)の物語(ものがたり)だ。□□□□
　이 소설은 행복한 왕자의 이야기다.
* 福利(복리) □□□　　* 福音(복음) □□□□

物　물건 물(ぶつ)

音 ① 〔ぶつ〕 物理(ぶつ り)　　動物(どう ぶつ)
　② 〔もつ〕 貨物(か もつ)　　荷物(に もつ)
訓 〔もの〕 物がいい。 물건이 좋다.

□ 예문 연습

* 大学(だいがく)で(ぶつり)学(がく)を研究(けんきゅう)する。□□
　대학에서 물리학을 연구하다.
* (荷物)をここにおいてください。□□□
　짐을 여기에 놓으세요.
* 動物(동물) □□□□　　* 貨物(화물) □□□

分 나눌 분(ぶん)

音〔ぶん〕 部分(ぶぶん)　　　分譲(ぶんじょう)
　　　　 分解(ぶんかい)　＊分秒(ふんびょう)
訓〔わける〕お金を分ける。 돈을 나누다.

□ 예문 연습

＊ この絵は空の(ぶぶん)がとくにきれいだ。 □□
　 이 그림은 하늘 부분이 특히 예쁘다.
＊ 今月からアパートの(分譲)が始まる。 □□□□□
　 이번 달부터 아파트분양이 시작된다.
＊ 分解(분해) □□□□　＊ 分秒(분초) □□□□□

文 글월 문(ぶん)

音〔ぶん〕 文化(ぶんか)　　　文学(ぶんがく)
　　　　 論文(ろんぶん)　＊注文(ちゅうもん)
　　　＊文部省(もんぶしょ)　＊文字(もじ)

訓 ―

□ 예문 연습

＊ 大学を卒業する時は卒業(ろんぶん)を書く。 □□
　 대학을 졸업할 때는 졸업논문을 쓴다.
＊ 電話で(注文)すればすぐ持ってきてくれる。 □□□□□
　 전화로 주문하면 곧 갖다준다.
＊ 文化(문화) □□□　＊ 文字(문자) □□

聞　들을 문(ぶん)

音 ①〔ぶん〕新聞(しん ぶん)　　見聞(けん ぶん)
　②〔もん〕庁聞(ちょう もん)　　未聞(み もん)
訓 〔きく〕ニュースを聞く。　뉴스를 듣다.

□ 예문 연습

* 朝日・読売・毎日を三代(しんぶん)という。　□□
　아사히・요미우리・마이니찌를 3대신문이라고 한다.
* (見聞)を広めるために海外へ行く。　□□□□
　견문을 넓히기 위해서 해외에 간다.
* 庁聞(청문) □□□□□　　* 未聞(미문) □□□

平　평평할 평(へい)

音 〔へい〕平和(へい わ)　　平均(へい きん)
　　　公平(こう へい)　　*平等(びょう どう)
訓 〔たいらな〕平らな道　평평한 길

□ 예문 연습

* スウェーデンは(へいわ)が長く続いている国だ。　□□
　스웨덴은 평화가 오래 계속되고 있는 나라다.
* 東京の8月の(平均)気温は27度だ。　□□□□
　동경의 8월 평균 기온은 27도다.
* 公平(공평) □□□□　　* 平等(평등) □□□□□

 군사 병(へい)

音 〔へい〕 兵器(へい き)　　兵隊(へい たい)
　　　　　 兵士(へい し)　　兵役(へい えき)
訓 ㅡ

□ 예문 연습

* 戦争にはどんどん新しい(へいき)が使われる。　□□
  전쟁에는 점점 새로운 병기가 사용된다.
* (兵役)をはたして会社へ帰ってきた。　□□□□
  병역을 마치고 사회에 돌아왔다.
* 兵隊(병대) □□□□　　* 兵士(병사) □□□

米　쌀 미(べい)

音 ① 〔べい〕 米作(べい さく)　　米価(べい か)
　 ② 〔まい〕 白米(はく まい)　　玄米(げん まい)
訓 〔こめ〕 米を輸入する。 쌀을 수입하다.

□ 예문 연습

* 政府が買いあげる今度の(べいか)が決まった。　□□
  정부가 사들인 금년 쌀값이 정해졌다.
* 最近(玄米)が流行っています。　□□□□
  최근 현미가 유행하고 있습니다.
* 米作(미작) □□□□　　* 白米(백미) □□□□

別 다를 별(べつ)

- 音 〔べつ〕 特別(とく べつ)　　差別(さ べつ)
　　　　　　区別(く べつ)　　離別(り べつ)
- 訓 〔わかれる〕 友(とも)だちと別れる。　친구와 헤어지다.

☐ 예문 연습

* 人種(じんしゅ)によって(さべつ)することはよくない。　☐☐
  인종에 따라 차별하는 것은 좋지 않다.
* わたしにとって今日(きょう)は(特別)な日(ひ)です。　☐☐☐☐
  나에게 있어서 오늘은 특별한 날입니다.
* 区別(구별) ☐☐☐　　* 離別(이별) ☐☐☐

変 (變) 변할 변(へん)

- 音 〔へん〕 変化(へん か)　　変更(へん こう)
　　　　　　変形(へん けい)　　異変(い へん)
- 訓 〔かわる〕 季節(きせつ)が移(うつ)り変わる。　계절이 바뀌다.

☐ 예문 연습

* 高(たか)い山(やま)の天気(てんき)は(へんか)がはやい。　☐☐
  높은 산의 날씨는 변화가 빠르다.
* 予定(よてい)を(変更)して今日(きょう)行(い)きます。　☐☐☐☐
  예정을 변경하여 오늘 가겠습니다.
* 変形(변형) ☐☐☐☐　　* 異変(이변) ☐☐☐

編 엮을 편(へん)

- 音〔へん〕編成(へん せい)　編集(へん しゅう)
　　　　　長編(ちょう へん)　続編(ぞく へん)
- 訓〔あむ〕セーターを編む。 스웨터를 짜다.

□ 예문 연습

* 新聞社で(へんしゅう)の仕事をしている。　□□
　신문사에서 편집 일을 하고 있다.
* 新学期にはまずクラス(編成)をする。　□□□□
　신학기에는 반편성을 한다.
* 長編(장편) □□□□□　* 続編(속편) □□□□

歩 (步) 걸음 보(ほ)

- 音〔ほ〕歩道(ほ どう)　譲歩(じょう ほ)
　　　　　初歩(しょ ほ)　＊進歩(しん ぽ)
- 訓〔あるく〕道を歩く。 길을 걷다.

□ 예문 연습

* 左右をよく見て横断(ほどう)をわたる。　□□
　좌우를 잘 보고 횡단보도를 건너다.
* 科学の(進歩)によって生活が便利になる。　□□□
　과학의 진보에 의해서 생활이 편리해지다.
* 譲歩(양보) □□□□　* 初歩(초보) □□□□

保   보호할 보(ほ)

音 〔ほ〕 保険(ほけん)　　保護(ほご)
　　　　確報(かくほ)　　保存(ほぞん)
訓 〔たもつ〕 秩序を保つ。　질서를 유지하다.

☐ 예문 연습

* まだ生命(ほけん)には入っていません。　☐☐
  아직 생명보험을 들지 않았습니다.
* ダムを作って、市で使う水を(確報)する。　☐☐☐
  댐을 만들어 시에서 쓸 물을 확보하다.
* 保護(보호)　☐☐　　* 保存(보존)　☐☐☐

補   기울 보(ほ)

音 〔ほ〕 補助(ほじょ)　　候補(こうほ)
　　　　補欠(ほけつ)　　補給(ほきゅう)
訓 〔おぎなう〕 不足分を補う。　부족분을 보충하다.

☐ 예문 연습

* この団体は政府から(ほじょ)金が出る。　☐☐
  이 단체는 정부에서 보조금이 나온다.
* 今度の選挙に金さんは立(候補)するそうだ。　☐☐☐☐
  이번 선거에 김씨는 입후보한다고 한다.
* 補欠(보결)　☐☐☐　　* 補給(보급)　☐☐☐☐

方　모 방(ほう)

音〔ほう〕方針(ほう しん)　方法(ほう ほう)
　　　　　地方(ち ほう)　　方言(ほう げん)
訓〔かた〕パンの作り方を習う。　빵 만드는 법을 배우다.

☐ 예문 연습

* 電話もないので、連絡する(ほうほう)がない。　☐☐
  전화도 없기 때문에 연락할 방법이 없다.
* (地方)によっていろいろな方言がある。　☐☐☐
  지방에 따라 여러가지 방언이 있다.
* 方針(방침) ☐☐☐　　* 方言(방언) ☐☐☐

放　놓을 방(ほう)

音〔ほう〕放送(ほう そう)　解放(かい ほう)
　　　　　追放(つい ほう)　放牧(ほう ぼく)
訓〔はなす〕ハンドルを放す。　핸들을 놓다.

☐ 예문 연습

* リンカンは奴隷を(かいほう)した。　☐☐
  링컨은 노예를 해방했다.
* ニュースの(放送)でそのことを知りました。　☐☐☐☐
  뉴스방송으로 그것을 알았습니다.
* 追放(추방) ☐☐☐☐　* 放牧(방목) ☐☐☐☐

法　법 법(ほう)

音〔ほう〕法案(ほう あん)　　法律(ほう りつ)
　　　　方法(ほう ほう)　　＊憲法(けん ぽう)

訓 ―

□ 예문 연습

＊ 国会であの(ほうあん)が通った。　□□
　　국회에서 그 법안이 통과되었다.
＊ 未成年の喫煙は(法律)で禁じられている。　□□□□
　　미성년의 금연은 법률로 금지되어 있다.
＊ 方法(방법)　□□□□　　＊ 憲法(헌법)　□□□□

訪　찾을 방(ほう)

音〔ほう〕訪問(ほう もん)　　来訪(らい ほう)
　　　　歴訪(れき ほう)　　＊探訪(たん ぽう)

訓〔おとずれる〕名所を訪れる。　명소를 찾다.

□ 예문 연습

＊ 相手の都合を聞いて(ほうもん)する。　□□
　　상대의 형편을 묻고 방문한다.
＊ 日本の古代歴史の(探訪)がある。　□□□□
　　일본의 고대역사 탐방이 있다.
＊ 来訪(내방)　□□□□　　＊ 歴訪(순방)　□□□□

報 갚을 보(ほう)

音 〔ほう〕 報告(ほう こく)　　報道(ほう どう)
　　　　　情報(じょう ほう)　　予報(よ ほう)
訓 〔むくいる〕 恩に報いる。 은혜에 보답하다.

□ 예문 연습

* そのニュースは全世界に(ほうどう)された。 □□
  그 뉴스는 전세계에 보도되었다.
* 新しい(情報)が入って来た。 □□□□□
  새로운 정보가 들어왔다.
* 報告(보고) □□□□　　* 予報(예보) □□□

防 막을 방(ぼう)

音 〔ぼう〕 防衛(ぼう えい)　　防止(ぼう し)
　　　　　消防(しょう ぼう)　　予防(よ ぼう)
訓 〔ふせぐ〕 寒さを防ぐ。 주위를 막다.

□ 예문 연습

* 安全運転をして交通事故を(ぼうし)しよう。 □□
  안전운전을 하여 교통사고를 방지하자.
* 自衛隊は国土を(防衛)する軍隊だ。 □□□□
  자위대는 국토를 방위하는 군대다.
* 消防(소방) □□□□□　　* 予防(예방) □□□

望　　바랄 망(ぼう)

音〔ぼう〕希望(きぼう)　　絶望(ぜつぼう)
　　　　要望(ようぼう)　　望遠(ぼうえん)
訓〔のぞむ〕平和(へいわ)を望む。　평화를 희망하다.

□ 예문 연습

* 歯医者(はいしゃ)になるのがわたしの(きぼう)です。　□□
  치과의사가 되는 것이 저의 희망입니다.
* 学生(がくせい)の(要望)で日本語(にほんご)の講座(こうざ)が開(ひら)いた。　□□□
  학생의 요망으로 일본어 강좌가 열렸다.
* 絶望(절망) □□□□　　* 望遠(망원) □□□□

北　　북녘 북, 달아날 배(ほく)

音〔ほく〕北西(ほくせい)　　*南北(なんぼく)
　　　　*北極(ほっきょく)　　*敗北(はいぼく)
訓〔きた〕北朝鮮(きたちょうせん)　북조선(북한)

□ 예문 연습

* 日本(にほん)では冬(ふゆ)は(ほくせい)の季節風(きせつふう)が吹(ふ)く。　□□
  일본에서는 겨울은 북서풍의 계절풍이 분다.
* 日本(にほん)は第二次世界大戦(だいにじせかいたいせん)で(敗北)した。　□□□□
  일본은 제2차세계대전에서 패배했다.
* 南北(남북) □□□□□　　* 北極(북극) □□□□□□

木　나무 목(ぼく)

- 音 ① 〔ぼく〕 土木(ど ぼく)　　大木(だい ぼく)
  ② 〔もく〕 木造(もく ぞう)　　材木(ざい もく)
- 訓 〔き〕 大きい木を切る。　큰나무를 자르다.

□ 예문 연습

* これは(どぼく)の工事をする時使う機械だ。 □□
  이건 토목공사를 할 때 쓰는 기계다.
* これは世界でいちばん古い(木造)の建物だ。 □□□□
  이건 세계에서 가장 오래된 목조건물이다.
* 大木(대목) □□□□　　* 材木(재목) □□□□

本　근본 본(ほん)

- 音 〔ほん〕 本部(ほん ぶ)　　基本(き ほん)
  　　　　資本(し ほん)　　本社(ほん しゃ)
- 訓 〔もと〕 味の本　맛의 근원

□ 예문 연습

* スキーをやるならまず(きほん)をよくしなさい。 □□
  스키를 하려면 우선 기본을 잘 하시오.
* (本社)から急な国際電話があった。 □□□□
  본사에서 급한 국제전화가 있었다.
* 本部(본부) □□□　　* 資本(자본) □□□

新字体
*앞字는 正字, 뒷字는 新字体

(ii) 変型化
① 획의 방향을 변형한 경우

戶 → 戸　　呈 → 呈　　羽 → 羽　　肖 → 肖
房 → 房　　程 → 程　　習 → 習　　削 → 削
伴 → 伴　　聖 → 聖　　翼 → 翼　　消 → 消
牛 → 半　　說 → 説　　評 → 評　　弱 → 弱
判 → 判　　悅 → 悦　　平 → 平　　述 → 述
　　　　　　脫 → 脱　　坪 → 坪　　術 → 術

② 획의 위치를 변형한 경우

靑 → 青　　晴 → 晴　　舍 → 舎　　產 → 産
情 → 情　　精 → 精　　舗 → 舗　　顏 → 顔
淸 → 清　　請 → 請　　捨 → 捨　　敎 → 教

③ 획의 길이를 변형한 경우

尋 → 尋　　侵 → 侵　　掃 → 掃　　雪 → 雪
急 → 急　　浸 → 浸　　婦 → 婦　　虐 → 虐

(iii) 増画化
① 1획을 더 늘림

步 → 歩　　頻 → 頻　　涉 → 渉　　賓 → 賓

② 1획을 2획으로 늘림

卑 → 卑　　碑 → 碑　　勉 → 勉　　晩 → 晩

ま行으로 읽는 한자음

まい	毎	めい	名 命 明 盟
まつ	末	めん	面
まん	万 満	もう	毛
み	未 味	もく	目
みん	民	もん	門 問
む	務 無		

や行으로 읽는 한자음

や	夜 野	よ	与 預
やく	役 約 薬	よう	用 洋 養 要 容 様 曜
ゆ	由 輸	よく	欲
ゆう	友 有 優		

ら行으로 읽는 한자음

らい	来	りん	林
らく	落	れい	例
り	利 理	れん	連
りつ	立	ろ	路
りゅう	流	ろう	労
りょ	旅	ろく	録
りょう	両 良 料 量 領	ろん	論
りょく	力		

わ行으로 읽는 한자음

わ	和 話

毎 (毎) 매양 매(まい)

音 〔まい〕 毎日(まい にち)　　毎週(まい しゅう)
　　　　　毎年(まい ねん)　　毎朝(まい あさ)

訓 〔ごと〕 家毎にくばる。　집집마다 도르다.

□ 예문 연습

* (まいしゅう)日曜日にテニスをします。　□□
  매주 월요일에 테니스를 합니다.
* (毎日)電車に乗って会社へ行きます。　□□□□
  매일 전차를 타고 회사에 갑니다.
* 毎年(매년) □□□□　　* 毎朝(매일아침) □□□□

末　끝 말(まつ)

音 〔まつ〕 始末(し まつ)　　末日(まつ じつ)
　　　　　本末(ほん まつ)　　粉末(ふん まつ)

訓 〔すえ〕 いろいろ考えた末。　여러모로 생각한 끝에.

□ 예문 연습

* きのう欠席したので(しまつ)書を書いた。　□□
  어제 결석해서 시말서를 썼다.
* これは三月(末日)の日記です。　□□□□
  이건 3월 말일의 일기입니다.
* 本末(본말) □□□□　　* 粉末(분말) □□□□

万 (萬) 일만 만(まん)

音 ① 〔まん〕 万一(まん いち)　　万年筆(まん ねん ひつ)
　② 〔ばん〕 万歳(ばん ざい)　　万国(ばん こく)
訓 ―

□ 예문 연습

* (まんいち)の事故に備えなければならない。　□□
  만일의 사고에 대비해야 한다.
* 1, 2, 3という字は(万国)共通です。　□□□□
  1, 2, 3이라는 글자는 만국공통입니다.
* 万年筆(만년필)　□□□□□□　* 万歳(만보)　□□□□

満 (滿) 찰 만(まん)

音 〔まん〕 不満(ふ まん)　　満開(まん かい)
　　　　 満月(まん げつ)　　満足(まん ぞく)
訓 〔みちる〕 水が満ちる。 물이 가득차다.

□ 예문 연습

* 現在の生活にあまり(ふまん)をもっていない。　□□
  현재의 생활에 별로 불만을 갖고 있지 않다.
* 宿題がたくさんあって(満足)に眠れない。　□□□□
  숙제가 많이 있어서 만족스럽게 잘 수 없다.
* 満開(만개)　□□□□　* 満月(만월)　□□□□

未 　아닐 미(み)

音 〔み〕 未来(みらい)　　未明(みめい)
　　　　 未遂(みすい)　　未完成(みかんせい)
訓 ―

☐ **예문 연습**

* だいたい高校の時(みらい)の夢をえがく。　☐☐
　대개 고교시절 미래의 꿈을 그린다.
* あの人は殺人(未遂)で逮捕された。　☐☐☐
　그 사람은 살인미수로 체포되었다.
* 未明(미명) ☐☐☐　　* 未完成(미완성) ☐☐☐☐☐

味 　맛 미(み)

音 〔み〕 意味(いみ)　　興味(きょうみ)
　　　　 趣味(しゅみ)　　味覚(みかく)
訓 〔あじ〕 味をみる。　맛을 보다.

☐ **예문 연습**

* そのことばの(いみ)を辞書でひく。　☐☐
　그 말의 의미를 사전으로 찾다.
* おさない時から写真に(興味)を持っている。　☐☐☐☐
　어릴 때부터 사진에 흥미를 가지고 있다.
* 趣味(취미) ☐☐☐　　* 味覚(미각) ☐☐☐

民　백성 민(みん)

音 〔みん〕 国民(こく みん)　　民間(みん かん)
　　　　　人民(じん みん)　　民族(みん ぞく)
訓 〔たみ〕 すらいの民　유랑민

□ 예문 연습

* 国会議員は(こくみん)の代表である。□□
  국회의원은 국민의 대표이다.
* (人民)の、人民による、人民のための政治。□□□□
  인민의, 인민에 의한, 인민을 위한 정치.
* 民間(민간) □□□□　　* 民族(민족) □□□□

務　힘쓸 무(む)

音 〔む〕 事務(じ む)　　　業務(ぎょう む)
　　　　義務(ぎ む)　　　公務(こう む)
訓 〔つとめる〕 議長を務める。 외장을 맡다.

□ 예문 연습

* 姉は会社で(じむ)をとっています。 □□
  누이는 회사에서 사무를 보고 있습니다.
* かれは今(公務)で出張しています。 □□□□
  그는 지금 공무로 출장하고 있습니다.
* 業務(업무) □□□□　　* 義務(의무) □□

無 없을 무(む)

- 音 〔む〕 無料(む りょう)　無理(む り)
　　　　　無職(む しょく)　＊無事(ぶ じ)
- 訓 ―

□ 예문 연습

* 子供は(むりょう)で入場できます。　□□
  어린이는 무료로 입장할 수 있습니다.
* この仕事はひとりでやるには(無理)です。　□□
  이 일은 혼자서 하기에는 무리입니다.
* 無職(무직) □□□□　　＊無事(무사) □□

名 이름 명(めい)

- 音 〔めい〕 有名(ゆう めい)　名誉(めい よ)
　　　　　　名言(めい げん)　名人(めい じん)
- 訓 〔な〕 名前を書く。 이름을 적다.

□ 예문 연습

* この小説は世界でいちばん(ゆうめい)な作品だ。　□□
  이 소설은 세계에서 가장 유명한 작품이다.
* これは(名人)が作ったつぼです。　□□□□
  이건 명인이 만든 항아리입니다.
* 名誉(명예) □□□　＊名言(명언) □□□□

命 목숨 명(めい)

音 〔めい〕 生命(せい めい)　　革命(かく めい)
　　　　　　命令(めい れい)　　使命(し めい)
訓 〔いのち〕 命をかける。 목숨을 걸다.

□ 예문 연습

* (せいめい)の起源を探る。　□□
  생명의 기원을 찾다.
* 軍人は(命令)をしたがわなければならない。　□□□□
  군인은 명령을 따라야 한다.
* 革命(혁명) □□□□　　* 使命(사명) □□□

明 밝을 명(めい)

音 〔めい〕 説明(せつ めい)　　声明(せい めい)
　　　　　　発明(はつ めい)　　*明日(みょう にち)
訓 〔あかるい〕 明るい日差し　밝은 햇살

□ 예문 연습

* 先生は詳しく(せつめい)してくれた。　□□
  선생님은 자세하게 설명해 주었다.
* 支持する人たちが(声明)を新聞に発表した。　□□□□
  지지하는 사람들이 성명을 신문에 발표했다.
* 発明(발명) □□□□　　* 明日(명일) □□□□□

盟 맹세할 맹 (めい)

音 〔めい〕 加盟(か めい)　　同盟(どう めい)
　　　　　連盟(れん めい)　　盟邦(めい ぼう)

訓 ―

□ 예문 연습

* 現在日本は国際連合に(かめい)している。　□□
  현재 일본은 국제연합에 가맹하고 있다.
* A国と B国は軍事(同盟)を結んだ。　□□□□
  A국과 B국은 군사동맹을 맺었다.
* 連盟(연맹) □□□□　　* 盟邦(맹방) □□□□

面 낯 면 (めん)

音 〔めん〕 全面(ぜん めん)　　当面(とう めん)
　　　　　方面(ほう めん)　　面会(めん かい)

訓 〔つら〕 まずい面　못생긴 얼굴

□ 예문 연습

* 東京(ほうめん)へ行く電車は1番線ホームです。　□□
  동경방면에 가는 전차는 1번선홈입니다.
* あしたゼネストで鉄道は(全面)ストップする。　□□□□
  내일 전국적인 파업으로 철도는 전면 스톱된다.
* 当面(당면) □□□□　　* 面会(면회) □□□□

毛　털 모(もう)

音〔もう〕　純毛(じゅん もう)　　毛布(もう ふ)
　　　　　毛筆(もう ひつ)　　不毛(ふ もう)
訓〔け〕　毛皮のコートを着る。　모피코트를 입다.

□ 예문 연습

* このセーターは(じゅんもう)だから暖かい。　□□
  이 스웨터는 순모이니까 따뜻하다.
* 中東は(不毛)の地が多い。　□□□
  중동은 불모지가 많다.
* 毛布(모포) □□□　　* 毛筆(모필) □□□□

目　눈 목(もく)

音〔もく〕　注目(ちゅう もく)　　目的(もく てき)
　　　　　目標(もく ひょう)　　*面目(めん ぼく)
訓〔め〕　目じるしをつける。　안표를 하다.

□ 예문 연습

* その事件がどうなるか、(ちゅうもく)している。　□□
  그 사건이 어떻게 될지 주목하고 있다.
* 入国の(目的)は何ですか。　□□□□
  입국목적은 무엇입니까?
* 目標(목표) □□□□□　　* 面目(면목) □□□□

門 문 문(もん)

- 音 〔もん〕 専門(せん もん)　部門(ぶ もん)
   正門(せい もん)　門前(もん ぜん)
- 訓 〔かど〕 人生の門出を祝う。　인생의 출발을 축하하다.

□ 예문 연습

* 3時までに学校の(せいもん)の前に集合しなさい。　□□
  3시까지 학교의 정문앞에 집합하시오.
* ノーベル賞の医学(部門)の賞をうけた。　□□□
  노벨상의 의학부문의 상을 받았다.
* 専門(전문) □□□　* 門前(문전) □□□□

問 물을 문(もん)

- 音 〔もん〕 問題(もん だい)　訪問(ほう もん)
   質問(しつ もん)　疑問(ぎ もん)
- 訓 〔とう〕 安否を問う。　안부를 묻다.

□ 예문 연습

* ゴミ処理が大きな(もんだい)になっている。　□□
  쓰레기처리가 커다란 문제가 되고 있다.
* この文の意味がわからないので先生に(質問)する。　□□
  이 글의 의미를 몰라서 선생님께 질문하다.
* 訪問(방문) □□□□　* 疑問(의문) □□□

夜 밤 야(や)

音〔や〕深夜(しん や)　　夜間(や かん)
　　　　昼夜(ちゅう や)　　夜行(や こう)
訓〔よる〕夜になる。밤이 되다.

☐ 예문 연습

* (しんや)放送を聞きながら勉強します。 ☐☐
  심야방송을 들으면서 공부합니다.
* あちらの(夜間)通行門からお入りください。 ☐☐☐
  저쪽 야간통행문으로 들어오십시오.
* 昼夜(주야) ☐☐☐☐　　* 夜行(야행) ☐☐☐

野 들 야(や)

音〔や〕野球(や きゅう)　　野党(や とう)
　　　　野菜(や さい)　　分野(ぶん や)
訓〔の〕野宿する。노숙하다.

☐ 예문 연습

* 日本人は高校(やきゅう)やプロ野球が好きだ。 ☐☐
  일본인은 고교야구와 프로야구를 좋아한다.
* (野菜)はビタミンが多くて体にいい。 ☐☐☐
  야채는 비타민이 많아서 몸에 좋다.
* 野党(야당) ☐☐☐　　* 分野(분야) ☐☐☐

役 부릴 역(やく)

音〔やく〕 役員(やく いん)　役所(やく しょ)
　　　　　役割(やく わり)　主役(しゅ やく)

訓 ―

□ 예문 연습

* 会社の株主総会で(やくいん)を選挙した。 □□
  회사의 주주총회에서 임원을 선거했다.
* 市(役所)へ住民票をもらいに行く。 □□□□
  시청에 주민표를 받으러 가다.
* 役割(역할) □□□□　* 主役(주역) □□□□

約 대략 약(やく)

音〔やく〕 条約(じょう やく)　契約(けい やく)
　　　　　約束(やく そく)　要約(よう やく)

訓 ―

□ 예문 연습

* 金さんとの(やくそく)時間におくれた。 □□
  김씨와의 약속시간에 늦었다.
* 戦争のあと、平和(条約)が結ばれた。 □□□□□
  전쟁 후에 평화조약이 맺어졌다.
* 契約(계약) □□□□　* 要約(요약) □□□□

薬 (藥) 약 약(やく)

音〔やく〕製薬(せい やく)　　薬用(やく よう)
　　　　火薬(か やく)　　＊薬局(やっ きょく)
訓〔くすり〕薬を飲む。 약을 먹다.

□ 예문 연습

＊ 今、丸井(せいやく)の薬を飲んでいる。 □□
　　지금 마루이 제약의 약을 먹고 있다.

＊ (薬局)へ行って薬をもらってきなさい。 □□□□□
　　약국에 가서 약을 받아오거라.

＊ 薬用(약용) □□□□　　＊ 火薬(화약) □□□

由　말미암을 유(ゆ)

音〔ゆ〕　経由(けい ゆ)　　由来(ゆ らい)
　〔ゆう〕自由(じ ゆう)　　理由(り ゆう)
訓 ―

□ 예문 연습

＊ この電車は東京を(けいゆ)して行く。 □□
　　이 전차는 동경을 경유하여 간다.

＊ 日本では思想や言論は(自由)である。 □□□
　　일본에서는 사상과 언론은 자유이다.

＊ 由来(유래) □□□　　＊ 理由(이유) □□□

輸 (輸) 실어낼 수(ゆ)

音〔ゆ〕輸出(ゆ しゅつ)　　輸入(ゆ にゅう)
　　　　運輸(うん ゆ)　　　輸送(ゆ そう)
訓 ー

□ 예문 연습

* 日本はカメラや自動車など(ゆしゅつ)している。　□□
  일본은 카메라와 자동차 등 수출하고 있다.
* ひっこしの荷物は(運輸)会社に運んでもらう。　□□□
  이삿짐은 운수회사를 이용한다.
* 輸入(수입) □□□□　　* 輸送(수송) □□□

友 벗 우(ゆう)

音〔ゆう〕友好(ゆう こう)　　友情(ゆう じょう)
　　　　　友人(ゆう じん)　　親友(しん ゆう)
訓〔とも〕友だちに会う。　친구를 만나다.

□ 예문 연습

* 日本と韓国は(ゆうこう)関係を保っている。　□□
  일본과 한국은 우호관계를 유지하고 있다.
* かれとは長い間(友情)が続いている。　□□□□□
  그와는 오랫동안 우정이 이어지고 있다.
* 友人(우인) □□□□　　* 親友(친우) □□□□

有　있을 유(ゆう)

音〔ゆう〕有名(ゆう めい)　　有利(ゆう り)
　　　　　保有(ほ ゆう)　　有効(ゆう こう)
訓〔ある〕お金(かね)が有る。　돈이 있다.

□ 예문 연습

* これは韓国(かんこく)で(ゆうめい)な小説(しょうせつ)です。　□□
　이것은 한국에서 유명한 소설입니다.
* 政府(せいふ)は今(いま)、3か月間(げつかん)の米(こめ)を(保有)している。　□□□
　정부는 지금 3개월간의 쌀을 보유하고 있다.
* 有利(유리)　□□□　　* 有効(유효)　□□□□

優　넉넉할 우(ゆう)

音〔ゆう〕優勝(ゆう しょう)　　優秀(ゆう しゅう)
　　　　　俳優(はい ゆう)　　優先(ゆう せん)
訓〔すぐれる〕優れた人　뛰어난 사람

□ 예문 연습

* 今度(こんど)の試合(しあい)はどこの国(くに)が(ゆうしょう)するだろう。　□□
　이번 시합은 어느나라가 우승할까?
* 金さんは韓国(かんこく)の有名(ゆうめい)な(俳優)だ。　□□□□
　김씨는 한국의 유명한 배우이다.
* 優秀(우수)　□□□□□　　* 優先(우선)　□□□□

与 (與) 줄 여(よ)

音〔よ〕 与党(よ とう)　給与(きゅう よ)
　　　　授与(じゅ よ)　関与(かん よ)

訓〔あたえる〕自由を与える。 자유를 주다.

□ 예문 연습

* 政治は(よとう)と野党が交替でするほうがいい。 □□
  정치는 여당과 야당이 교대로 하는 것이 좋다.
* (給与)の中から税金が含まれている。 □□□□
  급여 속에 세금이 포함되어 있다.
* 授与(수여) □□□　* 関与(관여) □□□

予 (豫) 먼저 예(よ)

音〔よ〕 予定(よ てい)　予算(よ さん)
　　　　予想(よ そう)　予防(よ ぼう)

訓 ―

□ 예문 연습

* 今日の午後の(よてい)はありません。 □□
  오늘 오후 예정은 없습니다.
* 選挙の結果がどうなるか(予想)がつかない。 □□□
  선거 결과가 어떻게 될지 예상이 가지 않는다.
* 予算(예산) □□□　* 予防(예방) □□□

用   쓸 용(よう)

音〔よう〕利用(り よう)　　使用(し よう)
　　　　　用意(よう い)　　応用(おう よう)
訓〔もちいる〕道具を用いる。　도구를 사용하다.

□ 예문 연습

* 日曜日を(りよう)して農業をやっている。　□□
　일요일을 이용하여 농사를 짓고 있다.
* 今、 食事の(用意)をしています。　□□□
　지금 식사준비를 하고 있습니다.
* 使用(사용)　□□□　　* 応用(응용)　□□□□

洋   큰바다 양(よう)

音〔よう〕洋服(よう ふく)　　太平洋(たい へい よう)
　　　　　東洋(とう よう)　　西洋(せい よう)
訓 ―

□ 예문 연습

* (ようふく)は体に便利です。　□□
　양복은 몸에 편리합니다.
* (太平洋)は世界でいちばん大きい海だ。　□□□□□□
　태평양은 세계에서 가장 큰 바다이다.
* 東洋(동양)　□□□□　　* 西洋(서양)　□□□□

養　기를 양(よう)

音〔よう〕栄養(えい よう)　　教養(きょう よう)
　　　　養成(よう せい)　　休養(きゅう よう)
訓〔やしなう〕子牛を養う。　송아지를 기르다.

□ 예문 연습

* 牛乳やたまごは(えいよう)のある食べ物だ。　□□
　우유와 계란은 영양이 있는 음식물이다.
* 技術者が足りないので今(養成)している。　□□□□
　기술자가 부족하여 지금 양성하고 있다.
* 教養(교양) □□□□□　　* 休養(휴양) □□□□□

要　구할 요(よう)

音〔よう〕必要(ひつ よう)　　要求(よう きゅう)
　　　　重要(じゅう よう)　　主要(しゅ よう)
訓〔いる〕保証人が要る。　보증인이 필요하다.

□ 예문 연습

* (ひつよう)なものだけ選んでください。　□□
　필요한 것만 고르십시오.
* 賃金の値上げを(要求)してストライキする。　□□□□□
　임금인상을 요구하며 파업하다.
* 重要(중요) □□□□□　　* 主要(주요) □□□□

容 얼굴 용(よう)

音〔よう〕内容(ない よう)　収容(しゅう よう)
　　　　　容疑(よう ぎ)　　容易(よう い)
訓 －

□ 예문 연습

* きのうの手紙(て がみ)、どんな(ないよう)でしたか。 □□
  어제 편지, 어떤 내용이었습니까?
* 殺人(さつじん)の(容疑)で警察(けいさつ)で調(しら)べられた。 □□□
  살인의 용의로 경찰에서 조사받았다.
* 収容(수용) □□□□□　* 容易(용이) □□□

様 (樣) 모양 양(よう)

音〔よう〕模様(も よう)　　同様(どう よう)
　　　　　様式(よう しき)　多様(た よう)
訓〔さま〕仏様(ほとけ さま)をむがむ。 부처님께 합장배례하다.

□ 예문 연습

* こんな空(そら)(もよう)だとすぐ雨(あめ)が降(ふ)りだすだろう。 □□
  이런 하늘 모양이라면 곧 비가 내릴 것이다.
* 今度(こんど)の試験(しけん)には(多様)な問題(もんだい)が出(で)た。 □□□
  이번 시험에는 다양한 문제가 나왔다.
* 同様(동양) □□□□　* 様式(양식) □□□□

曜 (曜) 빛날 요(よう)

音 〔よう〕 曜日(よう び)　　月曜(げつ よう)
　　　　　 木曜(もく よう)　金曜(きん よう)
訓 ―

□ 예문 연습

* 今日は何(ようび)ですか。□□
  오늘은 무슨 요일입니까?
* (月曜)日には友だちと約束がある。□□□□
  월요일에는 친구와 약속이 있다.
* 木曜(목요) □□□□　　* 金曜(금요) □□□□

欲 욕심낼 욕(よく)

音 〔よく〕 意欲(い よく)　　食欲(しょく よく)
　　　　　 欲望(よく ぼう)　知識欲(ち しき よく)
訓 〔ほしい〕カメラが欲しい。 카메라를 가지고 싶다.

□ 예문 연습

* 金さんは会社で(いよく)的に働いている。□□
  김씨는 회사에서 의욕적으로 일하고 있다.
* 季節が変ってあまり(食欲)がない。□□□□□
  계절이 바뀌어 별로 식욕이 없다.
* 欲望(욕망) □□□□　　* 知識欲(지식욕) □□□□□

来 (來) 올 래(らい)

- 音 〔らい〕 以来(い らい)　　将来(しょう らい)
　　　　　 来年(らい ねん)　　本来(ほん らい)
- 訓 〔くる〕 今夜友だちが来る。 오늘 밤 친구가 온다.

☐ 예문 연습

* 去年四月(いらい)、ずっとここに住んでいる。 ☐☐
  작년 4월 이후 쭉 여기에 살고 있다.

* (将来)のことを考えなければなりません。 ☐☐☐☐☐
  장래의 일을 생각하지 않으면 안됩니다.

* 来年(내년) ☐☐☐☐　　* 本来(본래) ☐☐☐☐

落　떨어질 락(らく)

- 音 〔らく〕 墜落(つい らく)　　落選(らく せん)
　　　　　 下落(げ らく)　　　落書(らく が)き
- 訓 〔おちる〕 落葉が落ちる。 낙엽이 떨어지다.

☐ 예문 연습

* 飛行機が(ついらく)して、乗客全員が死んだ。 ☐☐
  비행기가 추락하여 승객전원이 죽었다.

* ここに(落書き)をしないでください。 ☐☐☐
  여기에 낙서를 하지 마십시오.

* 落選(낙선) ☐☐☐☐　　* 下落(하락) ☐☐☐

利

이로울 리(り)

音 〔り〕 利用(り よう)　　利益(り えき)
　　　　 便利(べん り)　　利害(り がい)

訓 ー

□ 예문 연습

* すてられたはこを(りよう)してごみ入れを作った。　□□
  버려진 상자를 이용하여 쓰레기통을 만들었다.

* これはとても(便利)なものです。　□□□
  이건 매우 편리한 것입니다.

* 利益(이익) □□□　　* 利害(이해) □□□

理

다스릴 리(り)

音 〔り〕 理由(り ゆう)　　管理(かん り)
　　　　 料理(りょう り)　 理解(り かい)

訓 ー

□ 예문 연습

* 国立公園は国が(かんり)している。　□□
  국립공원은 나라가 관리하고 있다.

* この本は難しくて私には(理解)ができない。　□□□
  이 책은 어려워서 나에게는 이해할 수 없다.

* 理由(이유) □□□　　* 料理(요리) □□□□

立 　설 립(りつ)

音〔りつ〕国立(こく りつ)　　対立(たい りつ)
　　　　　独立(どく りつ)　　立案(りつ あん)
訓〔たつ〕先頭(せんとう)に立つ。 선두에 서다.

□ 예문 연습

* (どくりつ)記念日(きねんび)の行事(ぎょうじ)が行(おこ)なわれている。 □□
　독립기념일의 행사가 행해지고 있다.
* ソウル大学(だいがく)は(国立)の大学(だいがく)です。 □□□□
　서울대학은 국립대학입니다.
* 対立(대립) □□□□　　* 立案(입안) □□□□

流 　흐를 류(りゅう)

音〔りゅう〕流行(りゅう こう)　　交流(こう りゅう)
　　　　　主流(しゅ りゅう)　　電流(でん りゅう)
訓〔ながれる〕音楽(おんがく)が流れる。 음악이 흐르다.

□ 예문 연습

* かみを短(みじか)くすることが(りゅうこう)している。 □□
　머리를 짧게 하는 것이 유행하고 있다.
* ここを通(とお)って東西(とうざい)の文化(ぶんか)が(交流)した。 □□□□□
　여기를 통해서 동서문화가 교류했다.
* 主流(주류) □□□□□　　* 電流(전류) □□□□□

旅 나그네 려(りょ)

音〔りょ〕 旅行(りょこう)　旅券(りょけん)
　　　　　旅館(りょかん)　旅費(りょひ)
訓〔たび〕 旅に出(で)る。 여행을 떠나다.

☐ 예문 연습

* 秋(あき)には修学(しゅうがく)(りょこう)に日本(にほん)へ行(い)く。 ☐☐
  가을에는 수학여행으로 일본에 간다.
* 外国(がいこく)へ行(い)くには(旅券)が必要(ひつよう)だ。 ☐☐☐☐
  외국에 가려면 여권이 필요하다.
* 旅館(여관) ☐☐☐☐　　* 旅費(여비) ☐☐☐

両 (兩) 두 량(りょう)

音〔りょう〕 両国(りょうこく)　両親(りょうしん)
　　　　　両面(りょうめん)　車両(しゃりょう)
訓 —

☐ 예문 연습

* あの事件(じけん)で(りょうこく)が急(きゅう)に悪(わる)くなった。 ☐☐
  그 사건으로 양국이 갑자기 나빠졌다.
* ご(両親)はお元気(げんき)ですか。 ☐☐☐☐☐
  부모님은 건강하십니까?
* 両面(양면) ☐☐☐☐☐　　* 車両(차량) ☐☐☐☐☐

良 어질 량(りょう)

音〔りょう〕不良(ふりょう)　優良(ゆうりょう)
　　　　　改良(かいりょう)　良心(りょうしん)
訓〔よい〕きもちが良い。 기분이 좋다.

☐ 예문 연습

* あの事件で(りょうしん)のとがめを感じる。 ☐☐
　그 사건으로 양심의 가책을 느끼다.
* 住みやすい部屋で(改良)した。 ☐☐☐☐☐
　살기 좋은 방으로 개량했다.
* 不良(불량) ☐☐☐☐　　* 優良(우량) ☐☐☐☐☐

料 헤아릴 료(りょう)

音〔りょう〕資料(しりょう)　料理(りょうり)
　　　　　料金(りょうきん)　給料(きゅうりょう)
訓 ―

☐ 예문 연습

* 図書舘で(しりょう)を集めて論文を書く。 ☐☐
　도서관에서 자료를 모아서 논문을 쓰다.
* 公衆電話の(料金)を急に上げた。 ☐☐☐☐☐
　공중전화의 요금을 갑자기 올렸다.
* 料理(요리) ☐☐☐☐　　* 給料(급료) ☐☐☐☐☐☐

量

헤아릴 량(りょう)

音〔りょう〕重量(じゅう りょう)　　分量(ぶん りょう)
　　　　　　測量(そく りょう)　　　量産(りょう さん)
訓〔はかる〕重さを量る。무게를 달다.

□ 예문 연습

* 金さんは昔(じゅうりょう)あげの選手でした。□□
  김씨는 옛날 역도선수였습니다.
* 道路を作るために(測量)する。□□□□□
  도로를 만들기 위해 측량하다.
* 分量(분량) □□□□□　　* 量産(양산) □□□□□

領

거느릴 령(りょう)

音〔りょう〕領事(りょう じ)　　占領(せん りょう)
　　　　　　領土(りょう ど)　大統領(だいとうりょう)
訓 ―

□ 예문 연습

* あの方は新しく来た日本国の(りょうじ)だ。□□
  그 분은 새로이 온 일본국의 영사다.
* こんど(大統領)が日本を訪問する。□□□□□□□□
  이번에 대통령이 일본을 방문한다.
* 占領(점령) □□□□□　　* 領土(영토) □□□□

力　힘 력(りょく)

音　① 〔りょく〕協力(きょう りょく)　　努力(ど りょく)
　　② 〔りき〕　力学(りき がく)　　　力説(りき せつ)
訓　〔ちから〕力を出(だ)す。　힘을 내다.

□ 예문 연습

* みんなで(きょうりょく)してやれば早(はや)くできる。　□□
  모두 협력하여 하면 빨리 할 수 있다.
* (努力)したかいがあって成績(せいせき)があがった。　□□□□
  노력한 보람이 있어서 성적이 올랐다.
* 力学(역학)　□□□□　　* 力説(역설)　□□□□

林　수풀 림(りん)

音　〔りん〕農林(のう りん)　　原始林(げん し りん)
　　　　　　森林(しん りん)　　林業(りん ぎょう)
訓　〔はやし〕林の中(なか)を歩(ある)く。　숲속을 걷다.

□ 예문 연습

* (のうりん)というのは農業(のうぎょう)と林業(りんぎょう)をいう。　□□
  농림이란 농업과 임업을 말한다.
* 開発(かいはつ)で(原始林)がどんどんなくなる。　□□□□□
  개발로 원시림이 점점 없어진다.
* 森林(삼림)　□□□□　　* 林業(임업)　□□□□□

例   법실 례(れい)

音 〔れい〕 例年(れい ねん)　　条例(じょう れい)
　　　　　　異例(い れい)　　　例外(れい がい)
訓 〔たとえる〕 例えばこういう。　예를 들면 이렇다.

☐ 예문 연습

* それが許可_{きょか}されるのは(いれい)のことです。　☐☐
  그것이 허가된 것은 이례의 일입니다.

* (条例)で犬_{いぬ}のはなしがいが禁_{きん}じられている。　☐☐☐☐☐
  조례로 개를 놓아 키우는 것은 금지되어 있다.

* 例年(예년) ☐☐☐☐　　* 例外(예외) ☐☐☐☐

連   연할 연(れん)

音 〔れん〕 連合(れん ごう)　　連絡(れん らく)
　　　　　　連続(れん ぞく)　　訓連(くん れん)
訓 〔つらなる〕 山_{やま}が連なる。　산들이 연해 있다.

☐ 예문 연습

* 第二次世界大戦_{だいにじせかいたいせん}で(れんごう)軍_{ぐん}が勝_かった。　☐☐
  제2차세계대전에서 연합군이 이겼다.

* 金さんからまだ何_{なん}の(連絡)もない。　☐☐☐☐
  김씨로부터 아직 아무런 연락도 없다.

* 連続(연속) ☐☐☐☐　　* 訓連(훈련) ☐☐☐☐

路 길 로(ろ)

- 音 〔ろ〕 路線(ろ せん)　道路(どう ろ)
  　　　　 路上(ろ じょう)　進路(しん ろ)
- 訓 〔じ〕 旅路(たび じ)　山路(やま じ)

□ 예문 연습

* ハイウエイは高速(どうろ)ともいう。 □□
  하이웨이는 고속도로라고도 한다.
* だいたい高校の時(進路)を決める。 □□□
  대개 고등학교 때 진로를 정한다.
* 路線(노선) □□□　　* 路上(노상) □□□□

労 (勞) 수고로울 로(ろう)

- 音 〔ろう〕 労働(ろう どう)　苦労(く ろう)
  　　　　　 疲労(ひ ろう)　勤労(きん ろう)
- 訓 —

□ 예문 연습

* この絵は(くろう)してやっと完成した。 □□
  이 그림은 고생하여 겨우 완성했다.
* 一日(労働)時間は8時間だ。 □□□□
  하루 노동시간은 8시간이다.
* 疲労(피로) □□□　　* 勤労(근로) □□□□

録 (錄) 기록할 록(ろく)

音 〔ろく〕 記録(き ろく)　録音(ろく おん)
　　　　　登録(とう ろく)　目録(もく ろく)
訓 ―

□ 예문 연습

* 水泳でまた新(きろく)がうまれた。 □□
  수영에서 또 신기록이 생겼다.
* きょうの講演を全部(録音)した。 □□□□
  오늘 강연을 전부 녹음했다.
* 登録(등록) □□□□　　* 目録(목록) □□□□

論 의논할 논(ろん)

音 〔ろん〕 結論(けつ ろん)　論議(ろん ぎ)
　　　　　評論(ひょう ろん)　論文(ろん ぶん)
訓 ―

□ 예문 연습

* 来月まで卒業(ろんぶん)を書かなければいけない。□□
  다음 달까지 졸업논문을 써야 한다.
* 新聞にその小説の(評論)がのっていた。 □□□□□
  신문에 그 소설의 평론이 쓰여져 있었다.
* 結論(결론) □□□□　　* 論議(논의) □□□

和　화할 화(わ)

- 音〔わ〕平和(へい わ)　緩和(かん わ)
　　　　和解(わ かい)　調和(ちょう わ)
- 訓〔やわらぐ〕寒さが和らぐ。　추위가 누그러지다.

□ 예문 연습

* 戦争が終って、やっと(へいわ)になった。　□□
  전쟁이 끝나서 겨우 평화로워졌다.
* (調和)を保たなければならない。　□□□□
  조화를 유지하지 않으면 안된다.
* 緩和(완화)　□□□　　* 和解(화해)　□□□

話　말할 화(わ)

- 音〔わ〕電話(でん わ)　話題(わ だい)
　　　　会話(かい わ)　話術(わ じゅつ)
- 訓〔はなす〕人に話す。　님에게 이야기하다.

□ 예문 연습

* (でんわ)で今晩連絡いたします。　□□
  전화로 오늘밤 연락하겠습니다.
* あの人はひじょうに(話題)が豊富です。　□□□
  저 사람은 대단히 화제가 풍부합니다.
* 会話(회화)　□□□　　* 話術(화술)　□□□□

반드시 알아야 할 일본어 한자

- 초판 인쇄 / 1996년 4월 20일
- 초판 발행 / 1996년 4월 25일
- 재판 1쇄 발행 / 1997년 10월 10일
- 재판 2쇄 발행 / 1998년 12월 15일
- 삼판 1쇄 발행 / 2001년 2월 20일
- 삼판 2쇄 발행 / 2004년 1월 10일

- 지은이 / 손 건
- 펴낸이 / 이 순 희
- 펴낸곳 / 제일법규(제일어학)

- 주소 / 서울시 서초구 방배동 537의 39
- 전화 / (02) 523-1657, 597-1088
- 팩스 / (02) 597-6464
- 등록 / 1993년 4월 1일 제21-429호

값 6,000원

∴잘못 만들어진 책은 바꿔 드립니다.

ISBN 89-85794-35-3 03730